ことばの響き・リズムに出合う

パネルシアター

髙橋 司 編著

鈴木範之・関 康生・髙橋小百合・松家まきこ ほか

下絵イラスト CD-ROM付

大東出版社

目次

はじめに

パネルシアターすなわち創案者・古宇田亮順先生のお人柄に出会って46年、心躍る素晴らしい年月でした。

佛教大学に奉職して猪突猛進の45年、その佛教大学を3月に定年退官いたしました。

これからの第二の人生を前に、どうしてももう一冊、パネルシアター作品集を遺しておきたいとの思いが募りました。

新進気鋭の鈴木範之先生、ゼミ卒業生の関康生先生、そして僭越ながら妻、小百合の作品に出合ってその思いはなお一層強くなりました。

「ことばの響き・リズムに出合うパネルシアター」は、早口ことばをはじめ、「ゴシゴシゴシ」「シマシマ」「リンリンリン」などオノマトペや子どもとの応答パネルなど「ことば」を中心に作品を選んでみました。

若い先生方の溌剌とした姿に刺激を受けたことで、古稀を迎えそろそろ人生の整理をしなければならないわたしを目覚めさせてくれました。

パネルシアター界の時代に逆行するのかもしれませんが、「作品集」としてお届けできることはこの上ない喜びであり、これからの励みにもなるものです。

「誰にでも簡単に活用できるパネルシアター」をモットーに、心新たに“古宇田パネル”を継承していきたいと思っています。

執筆者各人が教育職・保育職の仕事に就きながらの多忙な中での作品創り、また、さらに超多忙な松家まきこ先生には念願の“松家マジック”画で錦上華を添えていただきました。

楽曲を心良くご提供いただいたり、手話を丁寧に補足していただいたりした先生方の温かさに深謝申し上げる次第です。

大東出版社の本間信久氏には、わたしのわがままでお手を煩わせ、出版までこぎつけて下さったご諒恕に衷心よりお礼申し上げます。

読者の忌憚のないご意見をお寄せください。

また、省察することで次作への糧にしたいと思っております。よろしくお願いいたします。

令和2年　蓮始開（はすはじめてひらく）

髙橋　司

付録CD-ROMについて

収録データ

巻末の付録のCD-ROMには、本書収録パネルシアター作品の、「下絵モノクロ線画」と「下絵カラー彩色見本」の実寸データ（それぞれPDFとJPEGの２種類）が収録されています。

PDFを閲覧・印刷するには、「Adobe（Acrobat）Reader」が必要になりますので、以下のサイトからダウンロードしてください。　https://get.adobe.com/jp/reader/otherversions/

使い方

① パソコンなどからプリンターを使って「下絵モノクロ線画」を普通紙に白黒印刷する。
② 印刷したものに、上からPペーパーを当てて鉛筆で写し取る。
③ 「下絵カラー彩色見本」を参考に、ポスターカラー等で着色する。
④ 油性の黒ペンで縁取りをする。
⑤ 切り取って完成！

① パソコンなどからインクジェットプリンターを使って「下絵モノクロ線画」をPペーパー（Ａ４）に直接白黒印刷する。
② 印刷したPペーパーに、「下絵カラー彩色見本」を参考に、ポスターカラー等で着色する。
③ 油性の黒ペンで縁取りをする。
④ 切り取って完成！

① パソコンなどからインクジェットプリンターを使って「下絵カラー彩色見本」をPペーパー（Ａ４）に直接カラー印刷する。
② 切り取って完成！

印刷自体は可能ですが、ほとんどの機種で綺麗に印刷されません。また擦れた際の色落ちもあります。インクジェットプリンター対応の特殊なPペーパーもありますが、通常のものに比べて非常に高価です。

① パソコンなどからカラーレーザープリンターまたはカラー複合機などを使って「下絵カラー彩色見本」をPペーパーに直接カラー印刷する。
② 切り取って完成！

綺麗に印刷できないことが多く、仮に綺麗に印刷できたとしても、Pペーパーの繊維クズが機械内部に溜まりやすく、それが原因で深刻な故障につながる場合があります。幼稚園・保育園・学校・コンビニなどに設置された機器の使用は避けてください。

ご使用になる前に

わすれんぼパパ

髙橋 司《構成》　松家まきこ《絵》

かつての「トラや帽子店」の座長、畏友・福尾野歩さんの傑作（福尾野歩のあそびうた大全集第４集CD「HAI! HAI! HAI!」）です。

忘れんぼであわてんぼのパパを見事に歌い上げています。

会社に出かける朝の慌ただしいパパの仕事を全て網羅しています。

“顔を洗う”“歯を磨く”“ヒゲを剃る”“ネクタイをする”“靴を履く”“鞄を持つ”は動作を伴って演ずると効果的でしょう。

“いってきます”“いってらっしゃい”はひとりで演じるときは、左手、右手を振ってもいいでしょう。

最後は「今日は会社がお休みだった」ことまで忘れているパパの忘れんぼぶりは、いかにも野歩さんらしいオチですが、そんなパパの忘れんぼを否定するのではなく、愛すべきパパということで、「父の日」に参観日があるならば、是非演じてみてください。

うた	場面	演じ方

♪わすれんぼのパパ
　わすれんぼのパパ
　わすれんぼのパパはしょうがない
　パパはかいしゃにおでかけします
　いってきます　いってらっしゃい

●会社、洗面器、歯ブラシとコップ、ひげそり、ネクタイ、くつA、かばん、家、パパを出しておく。
●驚いたパパを裏面にして貼っておく。

♪おでかけしてから　きがつくの
　かおをあらうの　わすれてた

●驚いたパパをパパの上に重ねて貼る。

うた	場面	演じ方
3 ♪ジャブジャブジャブ ジャブジャブジャブ いってきます いってらっしゃい		●驚いたパパを裏返して左側に貼る。 ●洗面器を裏返して、あわをパパの上に重ねる。 ●ジェスチャーをつけながら歌う。 ●あわを裏返して洗面器にし、元の位置にもどす。
4 ♪おでかけしてから きがつくの はをみがくの わすれてた		●驚いたパパをパパの上に重ねて貼る。
5 ♪ジャブジャブジャブ ×2 ゴシゴシゴシ ×2 いってきます いってらっしゃい		●驚いたパパを裏返して左側に戻す。 ●歯ブラシをコップからぬいて、裏返してあわつきの歯ブラシにし、パパの右手に持たせる。 ●ジェスチャーをつけながら歌う。 ●あわつきの歯ブラシを上に移動させる。
6 ♪おでかけしてから きがつくの ひげをそるのを わすれてた ジャブジャブジャブ ×2 ゴシゴシゴシ ×2 ジョリジョリジョリ ×2 いってきます いってらっしゃい	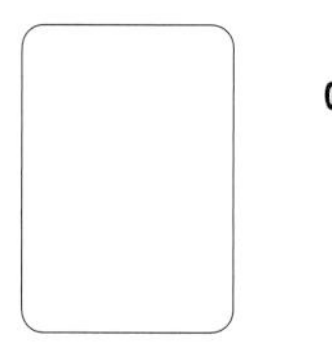	●驚いたパパを、パパの上に重ねる。 ●驚いたパパを裏返して左側に戻し、ひげそりを右手に持たせる。 ●ジェスチャーをつけながら歌う。 ●ひげそりを元の位置にもどす。
7 ♪おでかけしてから きがつくの ネクタイするのを わすれてた ジャブジャブジャブ ×2 ゴシゴシゴシ ×2 ジョリジョリジョリ ×2 キュキュキュキュ キュッキュッ ×2 いってきます いってらっしゃい	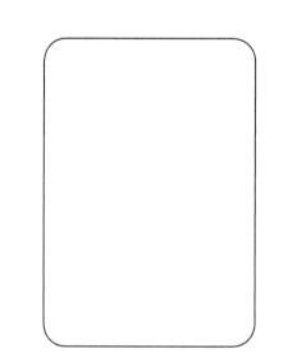	●驚いたパパを、パパの上に重ねる。 ●驚いたパパを裏返して左側に戻し、ネクタイをパパの首元の切り込みに差し込む。  切り込み ●ジェスチャーをつけながら歌う。

うた	場面	演じ方
♪おでかけしてから きがつくの くつをはくのを わすれてた ジャブジャブジャブ ×2 ゴシゴシゴシ ×2 ジョリジョリジョリ ×2 キュキュキュキュ キュッキュッ ×2 タッタカタッタ タッタ ×2 いってきます いってらっしゃい	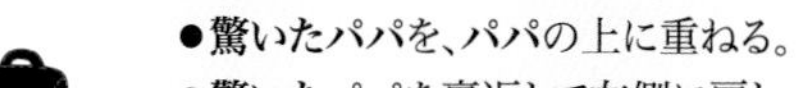 	●驚いたパパを、パパの上に重ねる。 ●驚いたパパを裏返して左側に戻し、**くつA**をとり、替りに別の**くつB**をズボンの裾の切り込みに差し込む。 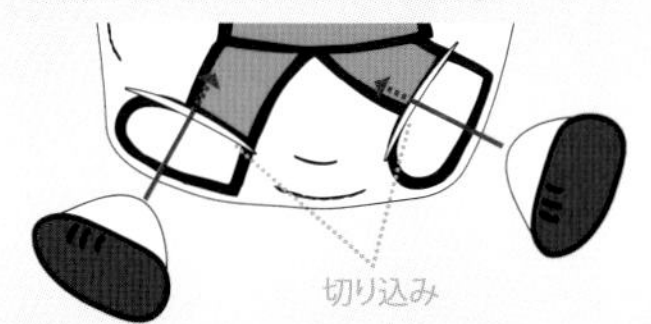 ●ジェスチャーをつけながら歌う。
♪おでかけしてから きがつくの かばんをもつのを わすれてた ジャブジャブジャブ ×2 ゴシゴシゴシ ×2 ジョリジョリジョリ ×2 キュキュキュキュ キュッキュッ ×2 タッタカタッタ タッタ ×2 ドッコイショット×2 いってきます いってらっしゃい		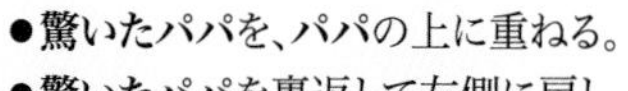 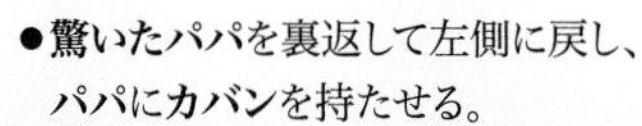 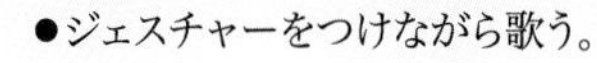 ●**驚いたパパ**を、パパの上に重ねる。 ●**驚いたパパ**を裏返して左側に戻し、パパに**カバン**を持たせる。 ●ジェスチャーをつけながら歌う。
♪でんしゃにのって きがついた きょうは おやすみ わすれてた わすれんぼのパパ わすれんぼのパパ わすれんぼのパパは しょうがない	  	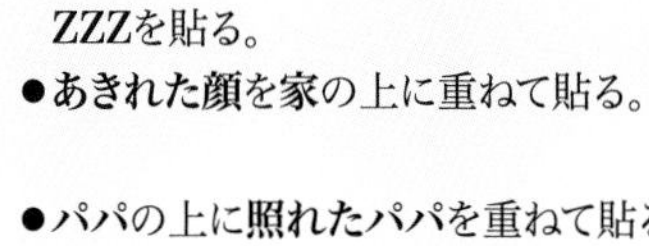 ●**会社**を裏返し**眠った会社**にする。その上に**ZZZ**を貼る。 ●**あきれた顔**を家の上に重ねて貼る。 ●パパの上に**照れたパパ**を重ねて貼る。

舞台には前幕を

次(うしろ)の作品が見えないように、舞台の前は垂れ幕で隠しておきましょう。

パネル板はやや傾けて設置しましょう。

絵人形にも若干の重さがあります。80度ぐらいの傾斜をつけて、貼るというより置くという感じで、貼っていくといいでしょう。垂直な舞台、クーラーや扇風機、外からの自然の風、ツルツルのパネル板は禁物です。

わすれんぼパパ

福尾野歩＊作詞
中川ひろたか＊作曲

制作の際の留意点　その１

① 縁どりがいのち

白パネル板では作品を生かすも殺すも縁どりです。縁どりがパネルのいのちです。なぜなら白のパネル板に貼るということから、縁どりを描くことによって絵が引き立つわけです。太すぎると作品が重く感じられますし、細すぎると作品は引き立ちません。適度な太さがいいわけです。いろいろな作品集を見ていただければわかりますが、一般的なパネル板を使って演じるときは、主要な線の太さは、3〜4mm 程度（もちろん例外もあります）が適当です。美しいラインは絵人形の色彩自体を引き立ててくれます。十分にインクの出る油性の黒マジックをご用意ください。

② 綺麗な着色

Pペーパーに着色するとき、とても着色しにくいことがわかります。水をたっぷり含ませた絵の具やポスターカラーで、まずさっと塗ってしまうとよいでしょう。2度目はしっかりと着色できます。

簡単だからとマジックインキで着色する人が見受けられますが、私はあまり好みません。なぜなら、マジックで塗ると線の濃淡が目立つからです。斜めに塗れば斜めの、丸く塗れば丸の線が出てしまい、美しさという点からお勧めできません。いつだったか、2歳の子どもが私の作品（きっと歌詞の意味はわからなかったと思いますが）を観て、思わず「おかあさん、きれい!」と叫んだことがありました。色が濃すぎたり、斑（まだら）がある作品からはきっとこのような声は出てこなかったと思います。

美しい作品創りを心がけて欲しいものです。

カッパ・ハッパ・ナッパ

髙橋 司《作》　髙橋小百合《絵》

　平成29年に改訂、平成30年より実施されている『幼稚園教育要領』『保育所保育指針』『認定こども園教育・保育要領』の「言葉」の領域には、ことばの響きやリズムに親しみ、日本語の楽しさ、美しさを知ることが追記されました。

　「カッパ・ハッパ・ナッパ」は、そんなことを経験してもらおうと構成しました。

　「ラッパ」を加えてみると、より複雑になり楽しみが増すでしょう。

　その他に、「うちわ、うきわ、ちくわ」のように似かよったいろいろな言葉を探してみましょう。最初は三つから始めると良いでしょう。

　三三七拍子（♪タン・タン・タン、タン・タン・タン、タン・タン・タン・タン・タン・タン・タン）のリズムに合わせ早口言葉を言うと、より楽しくなると思います。幼児は、早口言葉の途中でどれを言ってるかわからなくなるかもしれませんので、指差しも必要かと思います。

　似たものことばの楽しさが体得できるでしょう。

あそび方は簡単です。上段に３枚、中段に３枚、下段に７枚と、三段に分けて貼ってください。

これは「カッパ」、これは「ハッパ」、これは「ナッパ」と確認します。

次に、三三七拍子の練習をして、リズムを知ってもらいます。

「カッパ」「ハッパ」「ナッパ」、、、、と初めはゆっくりと進めていきましょう。やがてスピードを上げてみてください。

三三七拍子

おちたおちた

高橋 司《作》　松家まきこ《絵》

聞くと同時に、それに伴う動作を楽しむあそびです。

この楽曲は、「作者不詳」「伝承あそび」とされていることが多いのですが、父・良和と「おもいでのアルバム」等の本多鉄麿先生によって創られたものです。

原詩では、時代を反映して、りんご・かみなり・爆弾の三つであそぶものでしたが、今の子どもたちにわかりやすいように、りんご・かみなり・蜂の巣の三つに作り替えてみました。

動作は、りんご＝手で受ける、かみなり＝おへそを押さえる、蜂の巣＝頭を押さえるにしてみました。

演者は、最初のうちは正しい動作をして、やがて慣れてくると絵とは異なった動作をして、惑わすようにするとより楽しくなります。

また、落ちてくるものをさらに増やし、動作も加えていくとよいでしょう（ex. 流れ星＝空に向かって指をさす、ヤシの実＝逃げる、傘=さす動作、その他小石、鳥のフン、雹（ひょう）などいろいろ考えてください）。

うた・セリフ	場　面	演じ方
1 みんなの頭のうえに、いろいろなものが落ちてきたらどうしますか。 木になっているりんごが落ちてきたら、どうしますか？ 子ども「○○○○○○○!」 子ども「△△△△△△!」		●子どもたちにきく。
そうです。手で受け止めることにしましょう。 それじゃ、かみなりがなったらどうしますか？ 子ども「□□□□!」 子ども「▽▽▽▽▽▽▽!」		●「手で受けとめる」ジェスチャーをする。 ●子どもたちにきく。
すぐにお家に帰って、おへそをとられないようにおへそを押さえます。 もうひとつ、屋根の上にある蜂の巣が落ちてきたらどうしますか？ 子ども「☆☆☆☆☆☆!」 子ども「○○○○!」		●「おへそをかくす」ジェスチャーをする。 ●子どもたちにきく。
蜂に刺されないように頭を抱えます。 それでは一度みんなでしてみましょう。 このあそびには歌があります。みんなの歌うところを覚えてください。 「おーちたおちた」と歌ったら、みなさんは、「なーにがおちた」と歌ってください。 そのあと、パネルを「?」から絵のあるほうへひっくりかえします。 その絵をみて、りんごならば手で受ける、かみなりならばおへそをかくす、蜂の巣ならば頭を押さえてください。 わかりましたか？　それではははじめます。	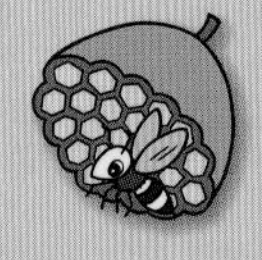	●「頭を抱える」ジェスチャーをする。 ●子どもたちと一緒に「手で受けとめる」「おへそをかくす」「頭を抱える」ジェスチャーをする。 ●それぞれ終わったら、元の「?」に戻す。
2 ♪おちた おちた ♪なにがおちた （裏返した ? が「りんご」の絵だったら） ♪りんごがおちた （以下、繰り返す）	      	● ? を適当な場所にはっておく。 ● ? を1枚選んで裏返す。同時に、出た絵に対応したジェスチャーをする。 （りんごであれば、手で受ける動作）

One Point

繰り返し遊んで慣れてきたら、演者は絵と動作を異ならせてみましょう（例えば、りんごが出たらおへそを押えるというように）。

制作の際の留意点　その２

③ 余白を残して切り取る

これもパネルを創るときの原点です。白パネル板に貼るということから、余白は目立ちません。細かなところは切り取るのではなく、余白を残しておきましょう。角は、丸みを帯びさせて切り取っておくと、曲がらず末永く保存できるでしょう。ただし、例外があります。「重ねばり」というトリックを使うときなどは、余白を残さないことが原則です。なぜなら、絵人形の上に重ねて貼られた絵人形は、余白が余白としてはっきりわかってしまうからです。

④ トリックは使い過ぎない

パネルの魅力の一つにたくさんのトリックがあります（25頁参照）。はじめてトリックを観た人は、トリックに魅了されます。特に糸を使ったトリックは感嘆の声すらあがります。自分で創ろうと思うとき、どうしてもトリックに心を奪われるのは無理もありません。しかし、トリックの使い過ぎは禁物です。トリックはここぞというときに使うから効果があるのです。「引っぱり」というトリックは、例えば「山から太陽が出る」といったときに使用しますが、その糸で引っぱることを再三使う人がいます。ましてや、横の動き（例えば、犬小屋から犬を出す）にも使用すると、糸を使っていることがわかってしまいます。パネルは、簡単にひっつく、剥がせる、これが原点です。

しましまおさんぽ

鈴木範之《構成》　パオパオ《絵》

　カラフルなしましまの中から、カメレオン、ぞう、ヘビ、ちょうちょ、おさかななど、かわいい生き物たちが現れます。ちょこちょことおさんぽをし始めると、かくれんぼしていた生き物たちの形がわかります。

　演じ方のポイントは、絵人形を上手から下手へおさんぽするように動かします。その際、演じ手はパネルの右側に立つと良いでしょう。絵人形を動かすときに、「にょろにょろにょろ」「ひらひらひら」「すいすいすい」など、生き物のヒントになるオノマトペ（擬音語）を付けると、子どもたちにもわかりやすくなります。また、出すときにカラフルな背景と絵人形を同じ色が重なるようにしてから出します。絵人形の数だけ背景を用意しておくと、演じる際にスムーズです。動かし終わるときにも同じ色が重なるようにしましょう。歌と手拍子を入れて演じると楽しいです。子どもたちのいろいろな答えを拾って、応答を楽しんでください。

　他にも、おさんぽするキャラクターを増やしたり、縦じまバージョンをつくったり、いろいろアレンジしながら子どもたちと一緒に楽しんでください。

うた・セリフ	場　面	演じ方
1 いろんな生き物たちがおさんぽしているよ。どんなおともだちがおさんぽしているのかな？ ♪しましまおさんぽ してるのだあれ しましまおさんぽ みてみよう		●カメレオンと背景の色を重ねた状態のままパネルに貼りながら歌う。 ●絵人形は背景の右の方に寄せておく。 
2 ギョロリ ギョロリ… ♪しましまおさんぽ だあれ		●カメレオンを右から左に動かす。 ●動かし終わるときに同じ色に重ねてかくれんぼさせる。 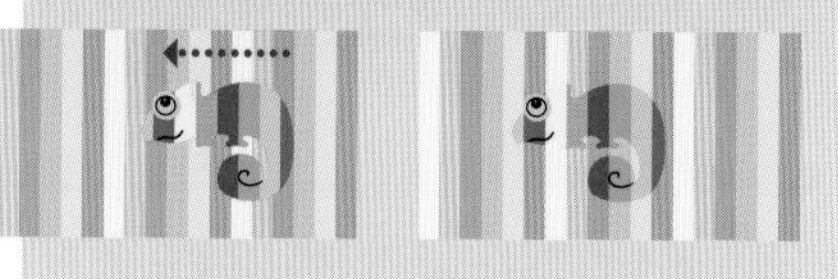 ※このときに足音、鳴き声などのオノマトペ（擬音語）を言いながら動かすとヒントになります。 ●手拍子と振りを付けて歌う。

	うた・セリフ	場　面	演じ方
3	さあ、わかった人? そう、カメレオンちゃんでした!		●**カメレオン**を左右に動かして、子どもたちに答えを聞きながら応答を楽しむ。 ●セリフを言いながら**カメレオン**をパネル板の左端の方に貼り、**背景**を取る。
4	さあ、次のおともだちはだれかな? ♪しましまおさんぽ してるのだあれ しましまおさんぽ みてみよう		●セリフを言いながら次の**ぞう**と**背景**を準備する。 ●**ぞう**と**背景の色**を重ねた状態のままパネルに貼りながら歌う。 ●絵人形は背景の右の方に寄せておく。
5	どしん どしん… ♪しましまおさんぽ だあれ	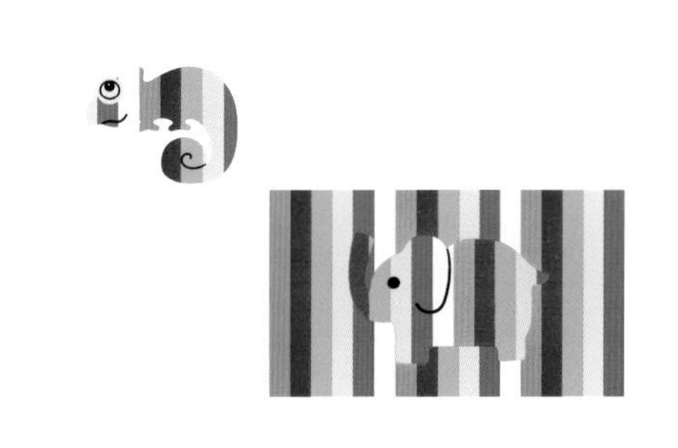	●**ぞう**を右から左に動かす。 ●動かし終わるときに同じ色に重ねてかくれんぼさせる。 ●手拍子と振りを付けて歌う。
6	さあ、わかった人? そう、パオーンパオーンのぞうさんでした!	 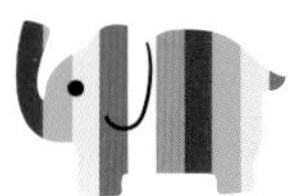	●**ぞう**を左右に動かして、子どもたちに答えを聞きながら応答を楽しむ。 ●セリフを言いながら**ぞう**をパネル板の左端の方に貼り、**背景**を取る。
7	さあ、次のおともだちはだれかな? ♪しましまおさんぽ してるのだあれ しましまおさんぽ みてみよう		●セリフを言いながら次の**ヘビ**と**背景**を準備する。 ●**ヘビ**と**背景の色**を重ねた状態のままパネルに貼りながら歌う。 ●絵人形は背景の右の方に寄せておく。

うた・セリフ	場　面	演じ方
8 にょろ にょろ にょろ… ♪しましまおさんぽ だあれ		●ヘビ右から左に動かす。 ●動かし終わるときに同じ色に重ねてかくれんぼさせる。 ●手拍子と振りを付けて歌う。
9 さあ、わかった人？ そう、にょろにょろヘビさんでした！		●**ヘビ**を左右に動かして、子どもたちに答えを聞きながら応答を楽しむ。 ●セリフを言いながら**ヘビ**をパネル板の上方に貼り、**背景**を取る。
10 さあ、次のおともだちはだれかな？ ♪しましまおさんぽ してるのだあれ しましまおさんぽ みてみよう		●セリフを言いながら次の**ちょうちょ**と**背景**を準備する。 ●**ちょうちょ**と**背景の色**を重ねた状態のままパネルに貼りながら歌う。 ●絵人形は背景の右の方に寄せておく。
11 ひら ひら ひら… ♪しましまおさんぽ だあれ		●**ちょうちょ**を右から左に動かす。 ●動かし終わるときに同じ色に重ねてかくれんぼさせる。 ●手拍子と振りを付けて歌う。
12 さあ、わかった人？ そう、ひらひらちょうちょさんでした！		●**ちょうちょ**を左右に動かして、子どもたちに答えを聞きながら応答を楽しむ。 ●セリフを言いながら**ちょうちょ**を左図の位置に貼り、**背景**を取る。

うた・セリフ	場　面	演じ方
13 さあ、次が最後のおともだちだよ ♪しましまおさんぽ してるのだあれ しましまおさんぽ みてみよう		●セリフを言いながら次の**さかな**と**背景**を準備する。 ●**さかな**と**背景の色**を重ねた状態のままパネルに貼りながら歌う。 ●絵人形は背景の右の方に寄せておく。
14 すい すい すい… ♪しましまおさんぽ だあれ		●**さかな**を右から左に動かす。 ●動かし終わるときに同じ色に重ねてかくれんぼさせる。 ●手拍子と振りを付けて歌う。
15 さあ、わかった人? そう、ぷくぷく おさかなさんでした! しましまおさんぽ、楽しかったね! またあそぼうね!		●**さかな**を左右に動かして、子どもたちに答えを聞きながら応答を楽しむ。 ●セリフを言いながら、**さかな**を左図の位置に貼る。

しましまおさんぽ

鈴木範之＊作詞・作曲

もしもしリンリンリン

関 康生《作》 Jigeiken《絵》

子どもたちの大好きな玩具の一つに電話があります。乳児から幼児まで「モシモシ」「○○です」などと言ってよく遊んでいる姿が見られます。玩具の電話だけでなくブロックやいろんなものを電話に見立てて遊んでいるのを見ると、子どもたちが電話が大好きなことが伝わってきますね。

携帯電話が普及して今ではほとんどの人が携帯電話を持っています。最近では、ガラケーと呼ばれるものではなくスマートフォンが多くなり、機能もたくさん増えました。そんな魅力的な機能あふれるスマートフォンは子どもたちにとっても一番身近で親しみのある玩具なのかもしれません。

そのスマートフォンをパネルシアターにしてみました。電話の相手によって着信音が変わる設定になっているこのスマートフォン、誰から電話がかかってきたのかな？　着信音をよく聞いて（観て）考えてみてくださいね。

スマートフォンのパネルシアターを通して子どもたちと思い切り応答を楽しんで欲しいと思います。

うた・セリフ	場　面	演じ方
1 皆のお父さんお母さんが持っているもの、な～んだ？ （ヒントを出して子どもとやり取りを楽しむ 写真が取れます ゲームが出来ます 動画が取れます　など） そう、スマホ（スマートフォン）だね。	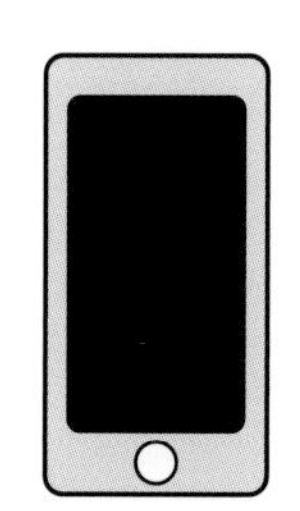	●アプリ画面、黒画面をセットしたスマートフォンを貼る。 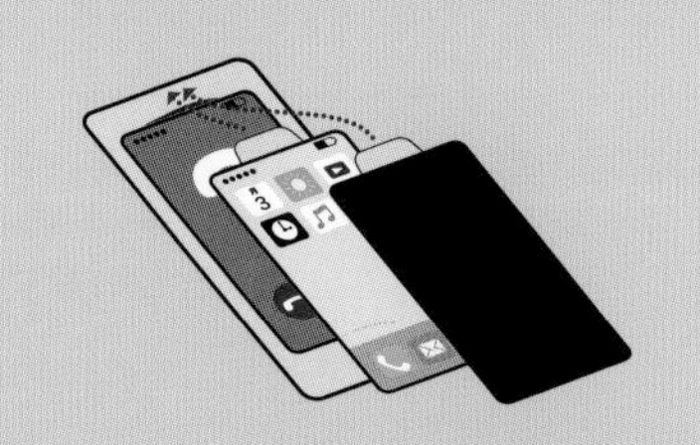
2 「アプリ」っていう便利なものが入っているけど、みんなわかるかな？ （アプリについて話しながら子どもたちとやり取りを楽しむ）	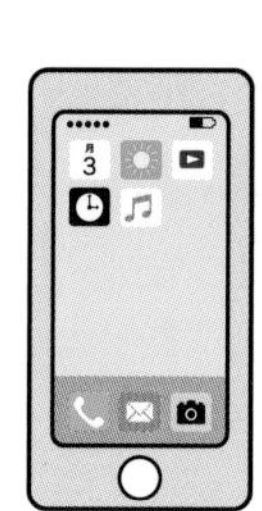	●ボタン部分を押して黒画面を外す。 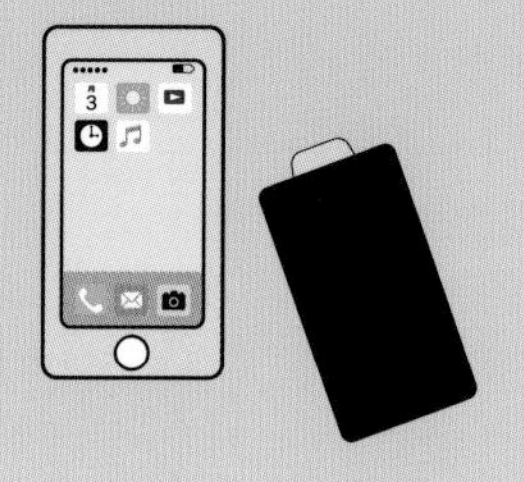

うた・セリフ	場面	演じ方
3 電話がかかってくると、この画面になりますね。 だれから電話がかかってくるかわかるかな?		●**アプリ画面**を外す。 
4 ♪もしもし もしもし リンリンリン だれかな だれかな リンリンリン		●**音符オタマジャクシ**を出す。
5 誰からかかってきたかわかるかな? 子ども「・・・」		●子どもの答えを待ってから、**カエル**を出す。
6 ♪もしもし もしもし リンリンリン だれかな だれかな リンリンリン (他の動物もくり返す)		●他の動物も同じようにする。

もしもしリンリンリン

関 康生＊作詞・作曲

世界のおともだち

髙橋 小百合《脚本》　松家まきこ《構成・絵》

子どもたちに、世界の文化や生活習慣、また言葉に興味や関心を持ってほしいと願って創った作品です。食べ物あり、スポーツあり、玩具ありと様々ですが、代表的なものを取り上げてみました。

♪フランスのおともだち、♪カナダのおともだち、♪ベトナムのおともだち……いろいろ考えてみてください。

民族衣装の違いにも眼を向けてみましょう。それぞれの国の代表的な衣装を着ている国もあります。マトリョーシカ、スパゲッティなどのトリックは、さりげなく演出してみてください。きっと子どもたちは、「あっ!」と驚くことでしょう。

繰り返しの歌詞が出てきます。歌を楽しみながら、手話にも親しんでみてください。

うた・セリフ	場　面	演じ方
1 これは? そう、地球です。 世界には、たくさんの国があります。	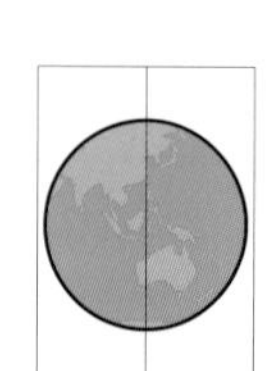	●中央に**地球**を貼る。 ●**地球**を開く。 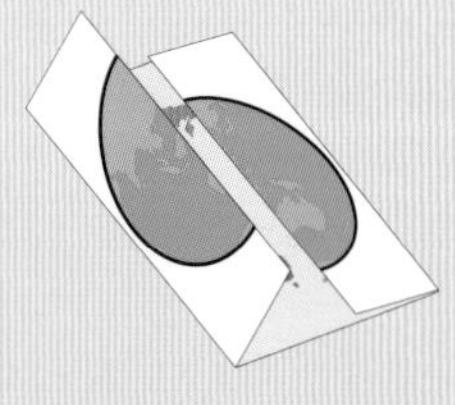
2 さぁ、みんなで「世界のおともだち」の歌を歌いましょう。 **♪世界の　おともだち** **いろんなことが　大好きさ** **いつも元気に　遊んでる** **こんにちは　こんにちは　こんにちは**	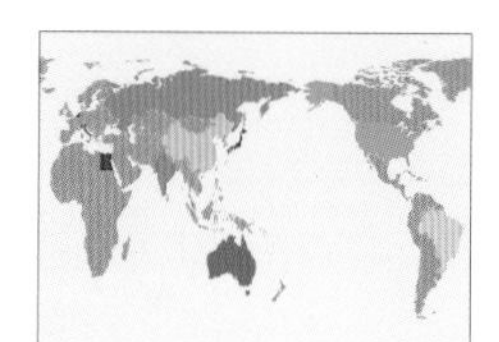	●(手話をしながら、)「世界のおともだち」の歌を歌う。 (手話ができれば、手話をしながら演ずるとよい。) ※「手話の仕方」を参照。

うた・セリフ	場　面	演じ方
3 ここは、どこの国かわかりますか？ そう、アメリカ！ （「アメリカ」の手話は、星条旗を表しています。） では、アメリカのスポーツといえば 何でしょう？	 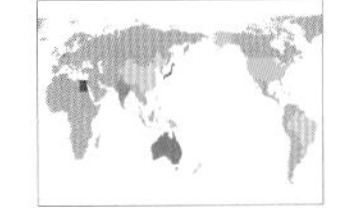	●アメリカを指さす。 ●**アメリカの国旗**を貼る。 ※「手話の仕方」を参照。
4 そう、野球です！ （「野球」の手話は、片手でボールを作り、反対の手でバットを作って、ボールを打つ動作をします。） **♪アメリカの　おともだち** **野球が　大好きさ** **いつも元気に　遊んでる** **ハロー　ハロー　ハロー**	 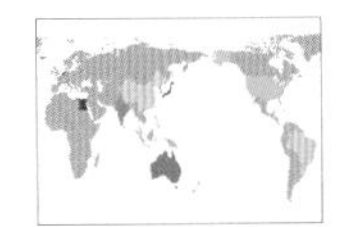	●**国旗**を開いて、**子ども**を出す。 ※「手話の仕方」を参照。  （●手話をしながら歌う。）
5 ここは、どこの国かわかりますか？ そう、ロシアです！ （「ロシア」の手話は、ロシアの国旗の赤を表しています。） では、ロシアで有名な人形といえば 何でしょう？	  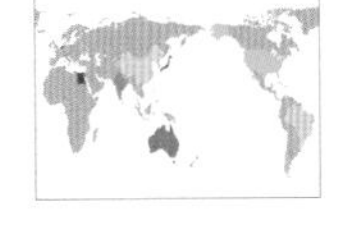	●ロシアを指さす。 ●**ロシアの国旗**を貼る。 ※「手話の仕方」を参照。
6 そう、マトリョーシカという人形です！ （「マトリョーシカ」の手話は、指文字で表します。） **♪ロシアの　おともだち** **マトリョーシカが　大好きさ** **いつも元気に　遊んでる** **プリヴェッ　プリヴェッ　プリヴェッ**	  	●**国旗**を開いて、**マトリョーシカ**を出す。**マトリョーシカ**から**子ども**を引き出す。  ●**ずらし貼り用のマトリョーシカ**を出し、**地図**の上でずらし貼りをする。  ※「手話の仕方」を参照。 （●手話をしながら歌う。）
7 ＊4番（オランダ）〜11番（日本）まで同様にする。 **♪（国の名前）の　おともだち** **（国の文化）が　大好きさ** **いつも元気に　遊んでる** ○○○○○　○○○○○ ○○○○○ ※全ての歌詞は53頁を参照。	 	●順番に**国旗**を貼る。 ●**国旗**を開いて、**子ども**を出す。 ※「手話の仕方」を参照。 （●手話をしながら歌う。） 

うた・セリフ	場　面	演じ方
8 最後に、世界のおともだちみんなで手をつなぎましょう。 ♪世界の　おともだち 平和が　大好きさ みんな仲よく 手をつなごう ハッピー　ハッピー　ハッピー	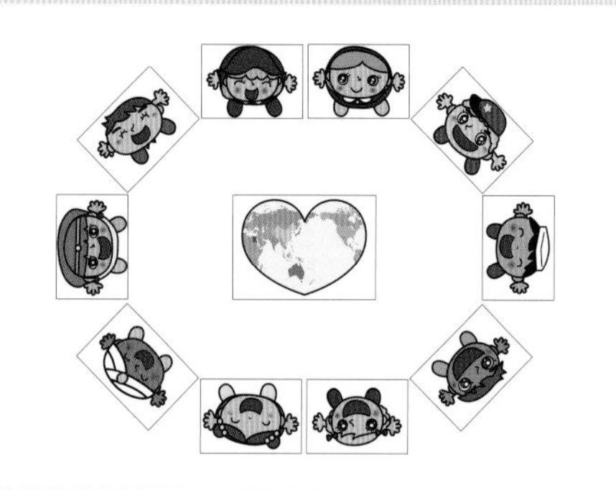	●それぞれの子どもの上半分をたたみ、**手をつなぐ子ども**にする。地球に向かって子どもたちが手をつなぐように貼っていく。  ●最後に、開いている**地図**を閉じて**地球**を見せた後に、閉じたまま裏返して**ハートの地図**にする。

世界のおともだち

山田美紀子＊作詞
髙橋小百合＊補作
室井美智子＊作曲

（「世界のおともだち」みんなげんき幼児教育研究会オリジナルCD「世界旅行編」）

世界のおともだち　手話の仕方 ①

挿絵　髙橋小百合

1　世界の　おともだち　いろんなことが　大好きさ

「世界」
両手で地球儀を
つかむ感じで
前へ回転。

「友だち」
胸の前で手を握り、
1周回す。

「色々」
親指と人差し指を
伸ばし、手首を
返しながら
右に動かす。

「すき」
のどの位置から
親指と人差し指を
すぼめ、前方へ引く。

いつも　元気に　遊んでる　こんにちは こんにちは こんにちは

「いつも」
親指と人差し指を
伸ばし、ピストルの
形を作り、
前から上へ
回転する。

「元気」
こぶしを2回
下げる。

「遊ぶ」
人差し指を
立てた両手を
交互に左右に
動かす。

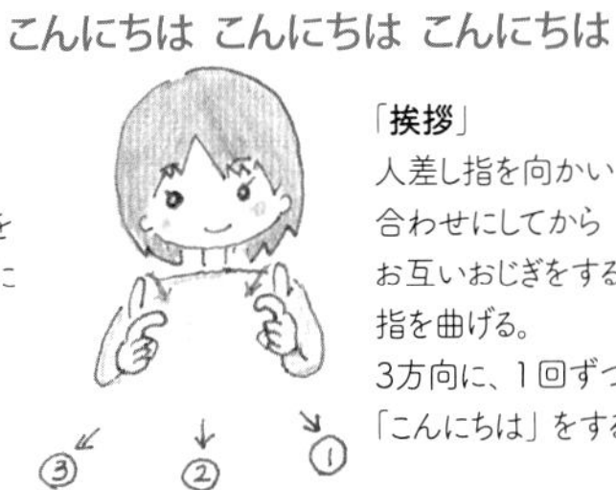

「挨拶」
人差し指を向かい
合わせにしてから
お互いおじぎをする様に
指を曲げる。
3方向に、1回ずつ
「こんにちは」をする。

2　アメリカの　おともだち　野球が　大好きさ　いつも　元気に　遊んでる　ハロー ハロー ハロー

「アメリカ」
右手をパーにして
胸の前で
揺らしながら
右へ動かす。
星条旗が風に
なびいている様子。

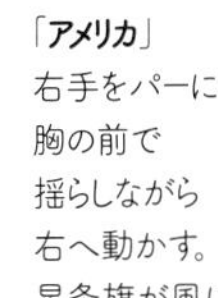

「野球」
右手の人差し指はバット、
左手は親指と人差し指の
輪でボールを作り、
バットがボールを打つ様子。

3　ロシアの　おともだち　マトリョーシカが　大好きさ　いつも　元気に　遊んでる　プリヴェッ プリヴェッ プリヴェッ

「ロシア」
人差し指を
内側に向け、
数字の「1」を
作り、口の下で
ねじりながら
動かす。

大マトリョーシカ

ふたを開ける

中マトリョーシカ

小マトリョーシカ

「マトリョーシカ」
大きなマトリョーシカを
両手で形取った後、
ふたを開け、中に入っている
マトリョーシカの形を小さく
しながら表わしていく。

4　オランダの　おともだち　風車が　大好きさ　いつも　元気に　遊んでる　フッデダッハ フッデダッハ フッデダッハ

「オランダ」
開いた親指と
4指を頭の横に
構えて、指を
閉じながら
左右に離す。
帽子の形を
表わす。

「風車」
両手とも、人差し指と中指を
伸ばし、指文字「う」の形で
手の平を自分に向けて
両手を交差させ指先を
上下に2回動かす。
風車が回っている様子。

5　イタリアの　おともだち　スパゲッティが　大好きさ　いつも　元気に　遊んでる　ボンジョルノ ボンジョルノ ボンジョルノ

「イタリア」
右手の親指と人差し指を
曲げて肩のあたりで前に
向けて、そのまま揺らしながら
真下におろしていく。
イタリアの長い地形を表す。

「スパゲッティ」
左の手の平を上に向け、
右手の人差し指と中指と
薬指の3本を下に向け、
右手で回す。
フォークで麺をまきとって
いる様子。

6　エジプトの　おともだち　ピラミッドが　大好きさ　いつも　元気に　遊んでる　アッサラームアライクム

「エジプト」
両手ともグーにして
胸の前で交差する。

「ピラミッド」
両手の指先を
合わせて、斜めにおろす。
ピラミッドの形を表す。

世界のおともだち　手話の仕方 ②

挿絵　髙橋小百合

7　インドの　おともだち　カレーが　大好きさ　いつも　元気に　遊んでる　ナマステ ナマステ ナマステ

「インド」
指文字の「た」をつくり、親指の指先を額にあてる。

「カレー」
「辛い」と同じ。口の前で手を折り曲げて指を開いて回す。

8　中国の　おともだち　太極拳が　大好きさ　いつも　元気に　遊んでる　ニーハオ ニーハオ ニーハオ

「中国」
親指と人差し指を合わせ、左胸から右胸、そして下へおろす。チャイナドレスの形を表す。

「太極拳」
太極拳をしている動作をする。

9　オーストラリアの　おともだち　コアラが　大好きさ　いつも　元気に　遊んでる　ハロー ハロー ハロー

「オーストラリア」
親指と中指、薬指をつけた状態から2回押し出す。「カンガルー」の手話と同じ。

横から見たところ

「コアラ」①
右手で鼻をおおうしぐさ。コアラの鼻を表す。

「コアラ」②
左右3本指を正面に向けた状態から内側に向ける。コアラが木の幹に抱きつく様子。

10　ブラジルの　おともだち　サッカーが　大好きさ　いつも　元気に　遊んでる　ボンジア ボンジア ボンジア

「ブラジル」
左手はコーヒーカップを持つイメージにして、右手で指文字「ふ」（カタカナの「フ」の形）を作り、コーヒーをかき回すように動かす。ブラジル特産品のコーヒーを表す。

「サッカー」
右手の人差し指と中指を足に見立て、左手の親指と人差し指の輪でボールを作り右手の人差し指でける動作を2回する。

11　日本の　おともだち　おすしが　大好きさ　いつも　元気に　遊んでる　こんにちは こんにちは こんにちは

「日本」
日本列島の形。水平の輪を両手でつくり、横に引きながら、親指と人差し指をつける。

「すし」
左の手の平を上に向け、右手の人差し指と中指を左手につけ、すしを握る。

12　世界の　おともだち　平和が　大好きさ　みんな　仲よく手をつなごう　ハッピー ハッピー ハッピー

「平和」
両手の甲を上にして左右の親指を合わせた状態から外側へ水平に広げる。

「みんな」
手の平を下にして円を描く。水平に動かす。

「仲よく手をつなごう」
となりの人と手をつないで前後に振る。

「しあわせ」
あごを2回なでる。3方向に「しあわせ」をする。

大阪うまいもんのうた

髙橋小百合《構成》　松家まきこ《絵》

大阪の子どもたちに、親しまれている手遊びの歌です。曲は、アメリカ民謡の「愉快な牧場」で、よく知られています。それぞれの地域の食べ物や名産地に興味や関心を持ってほしいと願って創りました。また言葉(「なんでやねん!」など)の掛け合いを楽しみながら、手遊びしてください。

大阪と京都バージョンを創ってみましたが、それぞれの地方の名物や名所などを探し出して創ってみてください。なお、セリフはそれぞれの方言に直して演じてみても良いでしょう。

楽しく演じるために、最後の手前に一つ、その地方のものでないものを、わざと入れておきます。そして終わりに、大阪では、「なんでやねん!」、京都では、「なんでぇなぁ!」、東京では、「どうして?」など、その地方の言葉で否定してみましょう。やがて子どもたちは、「なんでやねん!」を待ち望んで、いろいろなものを言い出してくれることと思います。

子どもたちとの応答を楽しんでみてください。

うた・セリフ	場面	演じ方
1 みなさん、こんにちは〜。今日は、おばちゃんが、大阪のうまいもんを持ってきたました。何か、わかるかなぁ?		●大阪のおばちゃんを貼る。
2 そう、たこ焼きやねぇ。 他には? 餃子もあるねぇ。 お好み焼き。 豚まんもあるよ。 (もし、答えが出なければ) ヒント、出そうかな?	    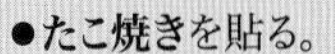 	●たこ焼きを貼る。 ●餃子を貼る。 ●お好み焼きを貼る。 ●豚まんを貼る。 (もし、わからなければ、たこ焼きから順に貼っていく。)

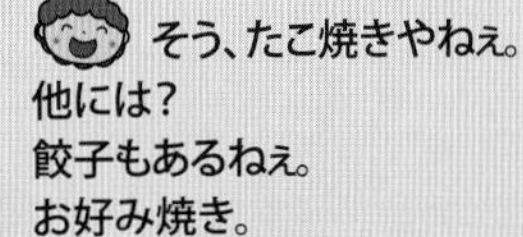

うた・セリフ	場　面	演じ方
3 みんなよく知ってるね。 それじゃあ、手をお腹の前に持ってきて、たこ焼きをのせる舟の形を作り、左右に振ってみようか。 ♪大阪には　うまいもん いっぱいあるんやで〜 たこ焼き　ぎょうざに お好み焼き　豚まん	   	●両手を組んで、左右に振りながら、リズムを取る。 ※手遊びの仕方参照
4 （2番、3番も同様に、歌う） ♪大阪には　うまいもん いっぱいあるんやで〜 いか焼き　バッテラ あわおこし　ようおこし ♪大阪には　うまいもん いっぱいあるんやで〜 かに道楽　串カツ もんじゃ焼　なんでやねん!		●**イカ焼き、バッテラ、あわおこし**を貼る。 ＊**バッテラ**……しめ鯖の押し鮨。 ●両手を組んで、左右に振りながら、リズムを取る。 ※手遊びの仕方参照 ●**かに道楽、串カツ、もんじゃ焼き**を貼る。 ●両手を組んで、左右に振りながら、リズムを取る。 ※手遊びの仕方参照 ●手で、つっこみを入れてみましょう。
5 次に、京都の舞妓さんがやってきました。 京都にも、おいしいもんが、たくさん、あるよ。 八ツ橋に、千枚漬け、すぐきにお茶。 京都のうまいもんのうたを歌いましょ。 ♪京都には　うまいもん ぎょうさんあるねんで〜 八ツ橋　千枚漬け すぐき　お茶	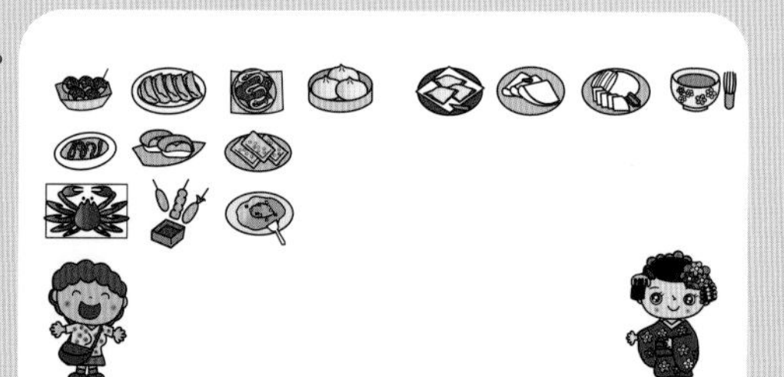	●**京都の舞妓さん**を貼る。 ●**八ツ橋、千枚漬け、すぐき、お茶**を貼る。 ＊**すぐき**（酸茎）……カブの一種の酸茎菜（すぐきな）とかぶらを原材料とした乳酸発酵漬物。 ●両手を組んで、左右に振りながら、リズムを取る。 ※手遊びの仕方参照
6 それにまだあるよ。 鱧(ハモ)のおとしに、湯豆腐、それにサブレ。 ♪京都には　うまいもん ぎょうさんあるねんで〜 鱧のおとし　湯豆腐 サブレ　なんでぇなぁ!	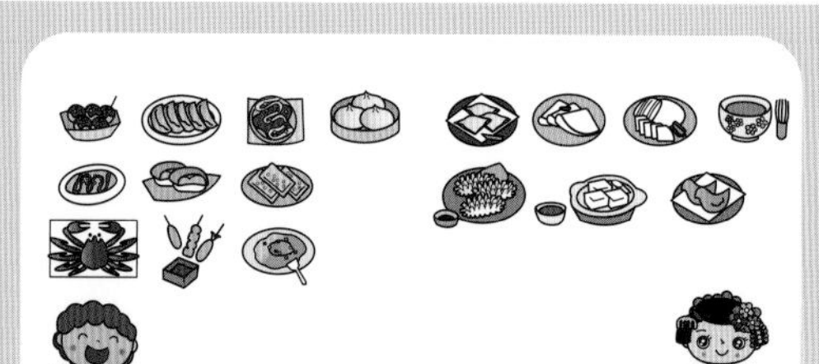	●**鱧のおとし、湯豆腐、サブレ**を貼る。 ●両手を組んで、左右に振りながら、リズムを取る。 ※手遊びの仕方参照 ●手で、つっこみを入れてみましょう。
7 京都もいいねぇ。 気にいった!　あめちゃん、あげるよ! おおきに。		●**大阪のおばちゃん**のバッグのふたを開け、中のポケットから、折りたたんだ状態のあめを取り出し、パッと広げてあめを5個にする。 ●伸ばした絵を再びパネル板に貼る。 

大阪うまいもんのうた

河村 和代＊作詞
高橋小百合＊補作
アメリカ民謡＊曲

トリック（しかけ）

1. **裏返し**　同じ絵で左右の変化なら、1枚のPペーパーの表と裏の両面に絵を描く。異なった絵の場合、2枚のPペーパーに描いた絵をボンドで貼り合わせる。
2. **重ね貼り**　絵人形の上に重ねて貼りたい時に、上に重ねる絵人形の裏にパネル布を裏打ちする。
3. **糸留め**　絵人形の動かしたい部分を別々に分けて描き、それを糸で留める。
4. **組み合わせ**　別々に描いた絵を組み合わせる。
5. **ポケット**　Pペーパー2枚でポケットを創り、その中から絵人形を取り出す。
6. **引っぱり**　白い糸を活用し(黒パネル板の時には黒い糸)、太陽や月を引っぱり出す。
7. **窓開き**　折りたたみ用の切り込み線に少し残してカッターで切る（37、45、46頁参照）。あるいは、別々に描いたPペーパーをガーゼで繋ぎ合わせる。
8. **かぶせ**　ポケットの逆で、帽子を被る等に活用する。
9. **スライド**　同じ絵人形を数枚重ねておいて瞬時にずらす。
10. **切り込み**　切り込みを入れて出し入れする。
11. **回転**　滑車を絵人形の裏に貼り合わせ、糸を舞台の後ろに垂らしておき、引っぱって回転させる。
12. **蓄光シールの活用**　光を蓄えて暗闇の中で光を放つ。ブラックライトの灯りを消すと、それまでに見えない画像が現れる。

大阪うまいもんのうた 手遊びの仕方

挿絵　髙橋小百合

1　大阪には　うまいもん　いっぱいあるんやで〜

手の平を上に向けて
両手の指を重ね
たこやきをのせる
舟をつくる。
右から左へ
4往復、体の前で振る。

たこ焼き

親指と
人差し指で
輪を作り
ほっぺを
つまむ。

ぎょうざに

指で
耳をふさぐ。

お好み焼き

顔の前で
広げた右手を
表裏交互に
口につける。

豚まん

人差し指で
鼻を押し上げる。

2　大阪には　うまいもん　いっぱいあるんやで〜　（上に同じ）

いか焼き

頭の上で
指先を
合わせる。
イカの頭の
三角を表す。

バッテラ

手の平を
下にして
2回押す。
押しずしを
表す。

あわおこし

栗がはじける様子。

ようおこし

おじぎをする。

3　大阪には　うまいもん　いっぱいあるんやで〜　（上に同じ）

かに道楽

2本指で
左右に
振る。

串カツ

左手で人差し指を作る。
右手で親指と
人差し指で輪を作り、
左手の人差し指
つけ根から、上へ
順に合わせる。

もんじゃ焼き

2本指を
口へ持っていく。
もんじゃをへらで
すくって食べる
様子。

なんでやねん！

つっこみを
入れる。

《京都バージョン》

1　京都には　うまいもん　ぎょうさんあるねんで〜　（上に同じ）

八ツ橋

親指と
人差し指で
三角の形を
作る。

千枚漬け

両手で
1つの
輪を作る。

すぐき

左の手の平を
上にして、
まな板の様にする。
右手は垂直にして
トントンと包丁で
切る。

お茶

抹茶碗を持つ
しぐさをして、
両手で口に
運ぶ。

2　京都には　うまいもん　ぎょうさんあるねんで〜　（上に同じ）

鱧のおとし

垂直に立てた
手をひらひら
させながら、
水平に動かす。
魚が
泳いでいる
様子。

湯豆腐

人差し指で
四角形を
書く。

サブレ

両手で
はばたく
ようにする。

なんでぇなぁ！

左手で口を
かくしながら
右の手の平を
振りおろす。

とりのように

高橋 司《構成》 ひらおちえ《絵》

野歩さんの隠れた名作「とりのように」（福尾野歩のあそびうた大全集第3集CD「大工のきつつきさん」）をパネルにしてみました。

野歩さんのコンサートのラストで、会場全体で合唱した感激はいまも忘れません。

その時の気持ちをパネルに表現できているか不安ですが、名児耶（小野瀬）さやかさん（元大妻女子大学パネルシアター部）の協力、パネル作家、松家まきこさんのアイデアをふんだんに取り入れさせていただきました。

子どもたちに演ずる場合は、

♪とりのようにうたいながら　あのそらたかく　とべたらいいね♪　のところは、みんなで4、5回繰り返し歌ってみましょう。

♪あきのそらでうろこぐもが……♪　のところはソロで歌ってください。

うろこ雲とコスモスは参考までにCD-ROMに描いておきましたが、自分なりのうろこ雲、コスモスを描いてみてください。

ブラックライトの作品です。

うた	場面	演じ方
1	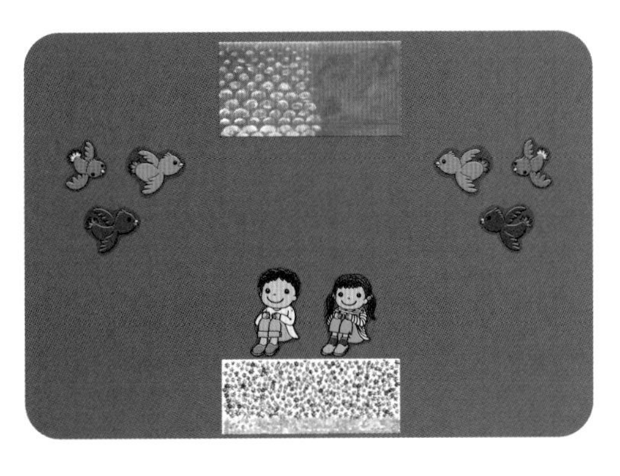	●雲・コスモス・座った男の子・座った女の子を貼っておく。 ●鳥を貼る。
2 ♪とりのように うたいながら あのそらたかく とべたらいいね	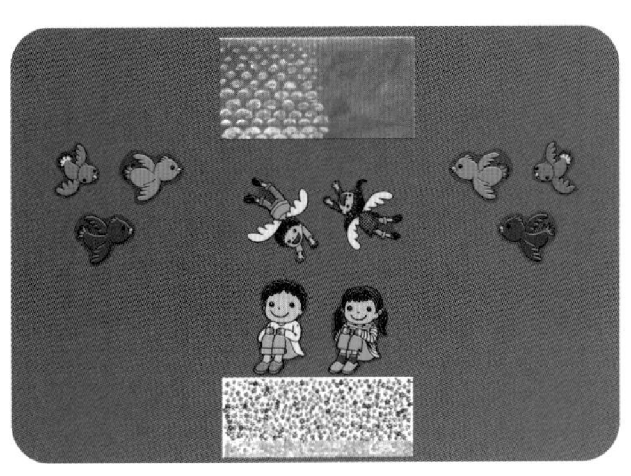	●飛んでいる男の子・女の子を貼る。 ※羽は体の後に隠しておいて、貼ってから出す。

うた	場面	演じ方
3 ♪あきのそらで うろこぐもがあそんでいるよ きみとぼくのせなかに はねがはえたら	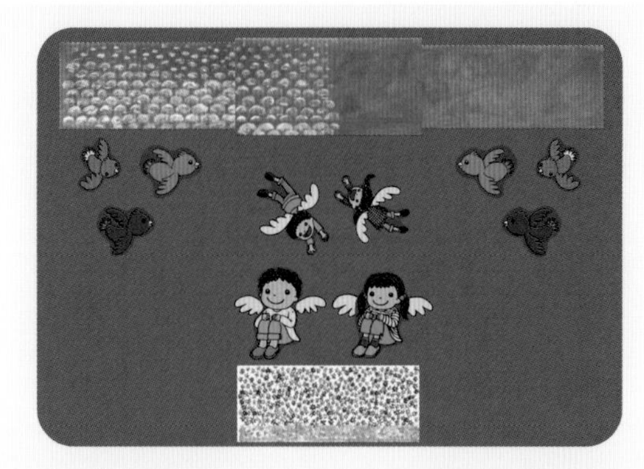	●雲を両側に広げる。 ●子どもの背中に羽を出す。
4 ♪とりのように うたいながら あのそらたかく とべたらいいね （何度かくり返し歌う）		
5 ♪とりのように うたいながら あのそらたかく とべたらいいね		●立っている子どもを両側に貼る。
6 ♪あきのそらに ゆれてにおう コスモスのはな きみとぼくのせなかに はねがはえたら		●コスモスを両側に広げる。
7 ♪とりのように うたいながら あのそらたかく とべたらいいね （何度かくり返し歌う）		●大きな雲と小さな雲2つを出す。 ●鳥向き合う（裏返す）。 ●中の白いPペーパーを抜く。  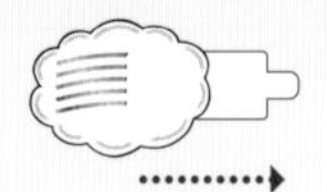 ●五線の上に、ト音記号と音符を貼る。

とりのように

福尾野歩＊作詞
才谷梅太郎＊作曲

蛍光ポスターカラー

蛍光ポスターカラーには、次の色が発売されています（会社により名称が異なります）。

・蛍光スカーレット　・蛍光バーミリオン　・蛍光イエロー　・蛍光オレンジ　・蛍光ピンク
・蛍光グリーン　・蛍光レモンイエロー　・蛍光ブルー　・蛍光ホワイト

その他、はだ色は、オレンジをホワイトで薄める。あるいはイエローを薄めに塗る。
紫色は、ピンクとブルーを混ぜる。
茶色は、バーミリオンとブルーを混ぜる。
なお、茶色、紫色は蛍光のペンも販売されています。丁寧に塗ればきれいに光ります。
なにも塗らない白のＰペーパーは薄い青色に光ります。
余白はしっかり黒く塗りつぶしておかなければなりません。

演じ方

① 演者は舞台に向かって右側の「袖」に立って演じる

右利きの人は舞台に向かって右側、左利きの人は左側に立って演技します。作品集の絵人形は通常、上手から登場するように描かれています。左側に立って演技する人は下手から出てくる方向に絵人形を描くことが本来の姿でしょう。

② 子どもの座る位置、舞台の位置に注意

演者が舞台に向かって右手に立って演技するとしましょう。どうしても演じ手の位置側にいる子どもは観にくくなります。舞台から見て子ども全体を右手の方に座らせるか、舞台を子どもから見て中央よりやや右の方へ移動させてセッティングすることが大事です。

③ 演者は黒子じゃない

パネルシアターは、舞台と演者の両者によって構成されています。演者の人間性やキャラクターによって、絵人形はさまざまな表情を持つことになるのです。台本を片手に持って読みながら貼ってみたり、台詞(せりふ)や歌詞を十分に覚えきっていなかったりすることなく、子どもの表情を見ながら楽しく演技しましょう。

④ 利き手で貼る

少しでも子どもからの死角をなくすためにも、基本的には利き手で貼ります。例えば、右利きの人が左手で貼ると、背中を向けることになるので気をつけたいものです。中腰で貼ったり、横の位置から遠くまで手を伸ばして貼る必要はありません。速やかに貼って所定の位置に戻り、演技を続けましょう。

⑤ 絵人形は台詞・歌詞の少し前に貼る

絵人形は、基本的には台詞や歌詞の少し前に貼ることによって、おはなしや歌をわかりやすくし、共有することができるのです（例外あり）。

⑥ 貼るタイミング・剥がすタイミングを考える

貼ることばかりに気を取られて、剥がすことを忘れてしまうと、白い画面が雑然となります。貼った絵人形をいつ剥がすかも考えておくことが大切です。

⑦ バランス良く貼る

絵人形を貼る位置、全体の構成、安定感のある貼り方、絵人形と残りの空間のバランスに留意したいものです。

⑧ 絵人形に細やかな動きを求めない

舞台に貼った絵人形は、原則的に台詞の度に動かさないようにしましょう（その都度(つど)子どもに死角ができます）。そこがペープサートと異なるところです。絵人形の細やかな動きは演者が補っていくと良いでしょう。

⑨ 音楽の良さを取り入れる

ピアノ、ギター、ウクレレ、キーボード、アコーディオンといった楽器を使用することも一興で、効果音やBGMなども適宜使用すると、より効果があがるでしょう。

わすれんぼパパ◦下絵

250% 拡大してお使いください

＊付録の CD-ROM に実サイズの下絵データとカラーのデータが収録されています

250% 拡大してお使いください

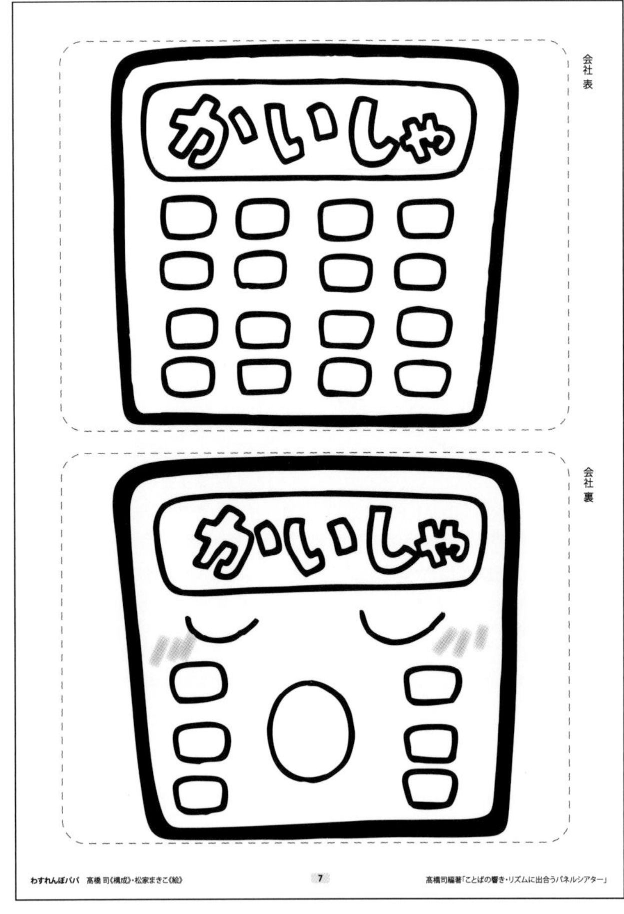

わすれんぼパパ・下絵

絵人形の作り方

パパ

パパの切り込み線−·−·−· 3箇所に、ハサミまたはカッターで切り込みを入れる。

照れたパパ

照れたパパをパネル布で裏打ちする。全面ではなく、下図の程度でOK。

会社

会社 表を裏返し、下図の斜線部分▨にボンドを塗り、**会社 裏**と貼り合わせる。

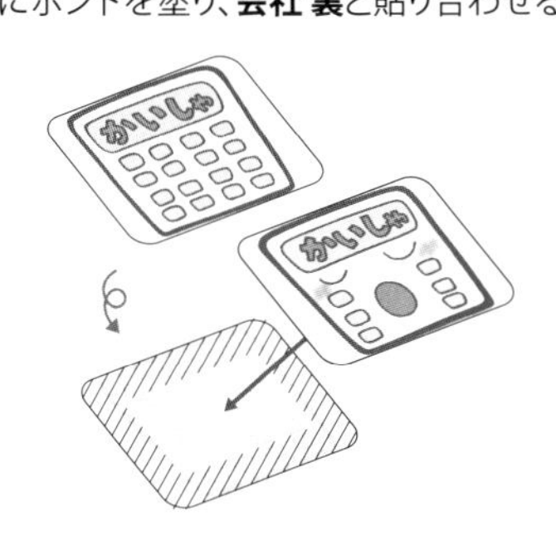

驚いたパパ

驚いたパパををパネル布で裏打ちする。透け防止のため全面で。ただしのりづけは下図斜線部分 ▨ 程度でOK。

コップ

コップの切り込み線 −·−·−· にカッターで切り込みを入れる。

呆れた顔

呆れた顔をパネル布で裏打ちする。全面ではなく、下図の程度でOK。

泡と洗面器

❶ **泡**を**裏打ちパネル布のりづけ用切り取りライン**（(赤いライン) に沿って切り取り、これより一回り大きい裏打ち用パネル布を用意してボンドで貼る。

❷ ボンドが乾いたら、ハサミで黒縁取り線に沿って切り取る。

❸ **泡**を裏返して天地を逆にし、**洗面器**の裏面にボンドを塗って、下図の位置に貼る。

カバン

❶ **カバン**を**裏打ちパネル布のりづけ用切り取りライン**（赤いライン）に沿って切り取り、これより一回り大きい裏打ち用パネル布を用意してボンドで貼る。

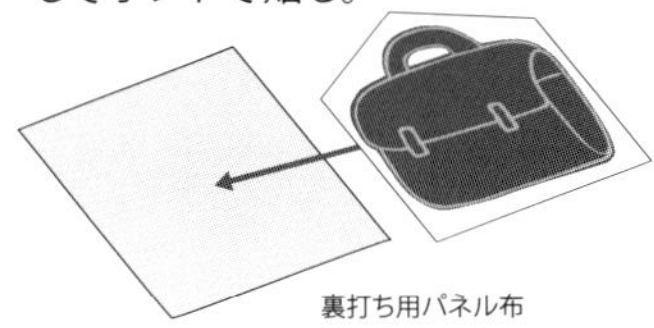

❷ ボンドが乾いたら、ハサミで黒縁取り線に沿って切り取る。

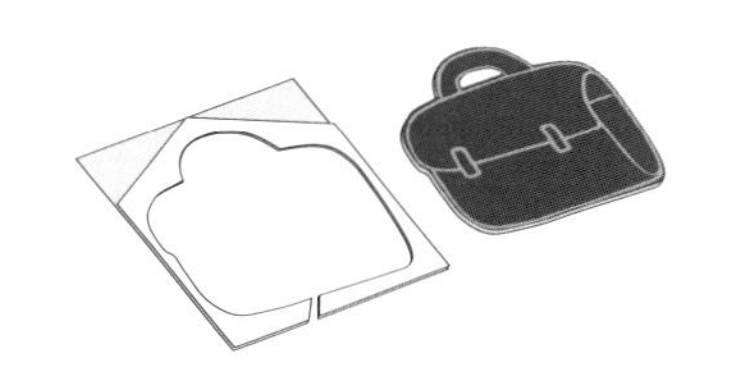

歯ブラシ

歯ブラシ表と**裏**を貼り合わせる。

カッパ・ハッパ・ナッパ●下絵

175% 拡大してお使いください

＊付録の CD-ROM に実サイズの下絵データとカラーのデータが収録されています

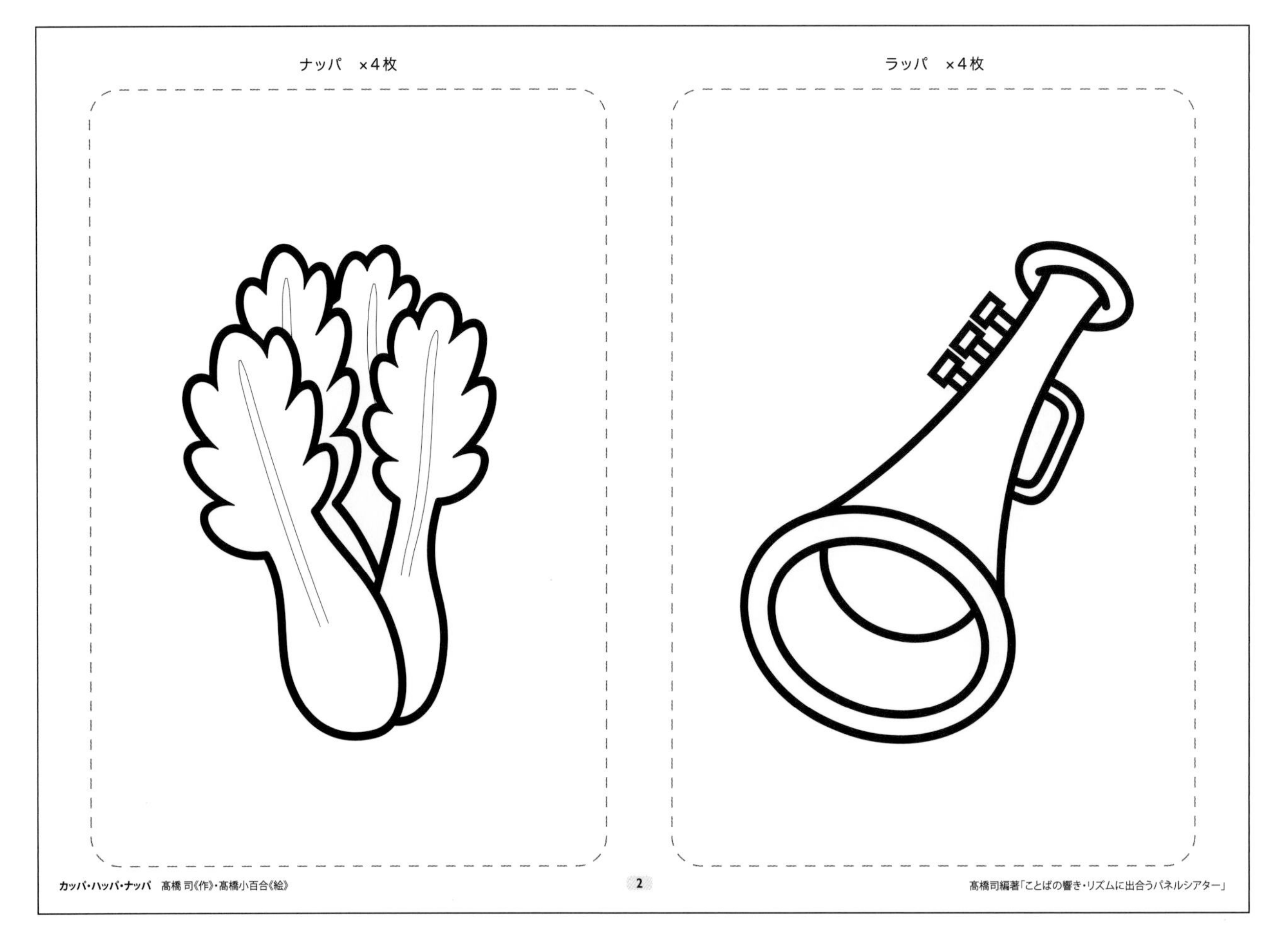

250% 拡大してお使いください

＊付録の CD-ROM に実サイズの下絵データとカラーのデータが収録されています

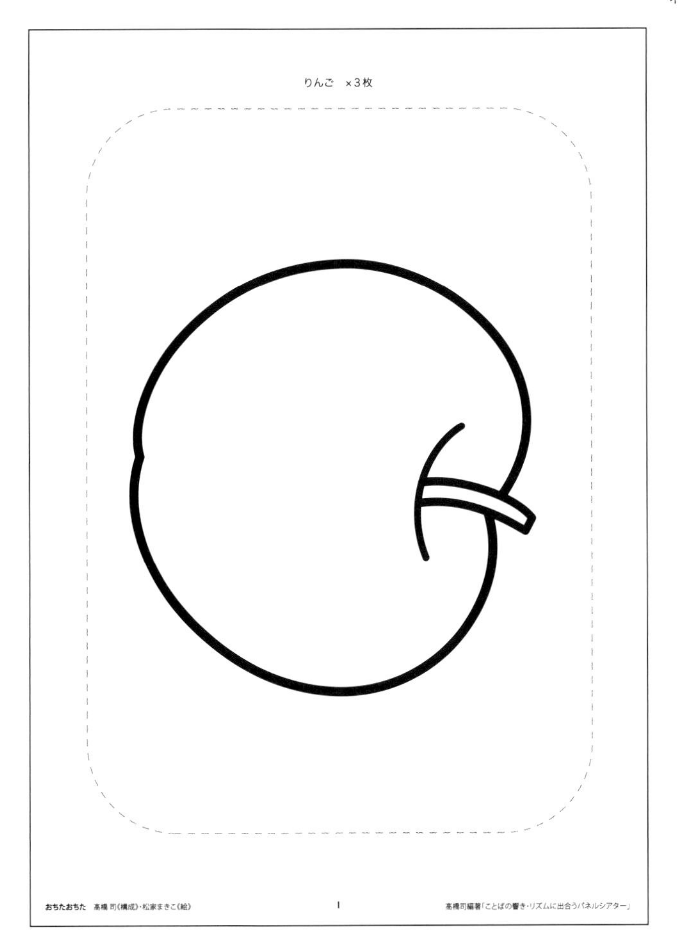

しましまおさんぽ・下絵

250% 拡大してお使いください

＊付録の CD-ROM に実サイズの下絵データとカラーのデータが収録されています

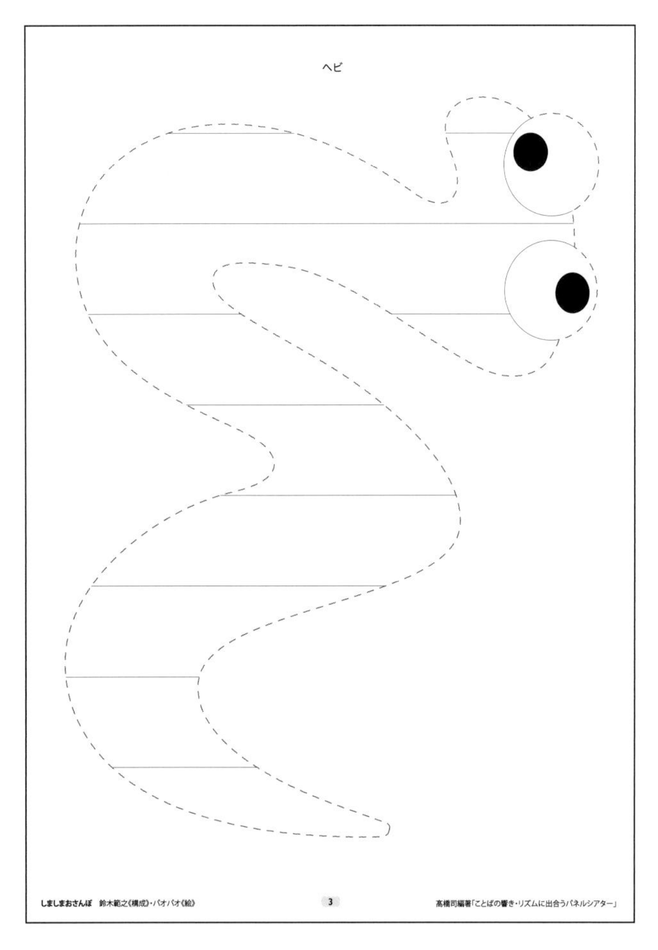

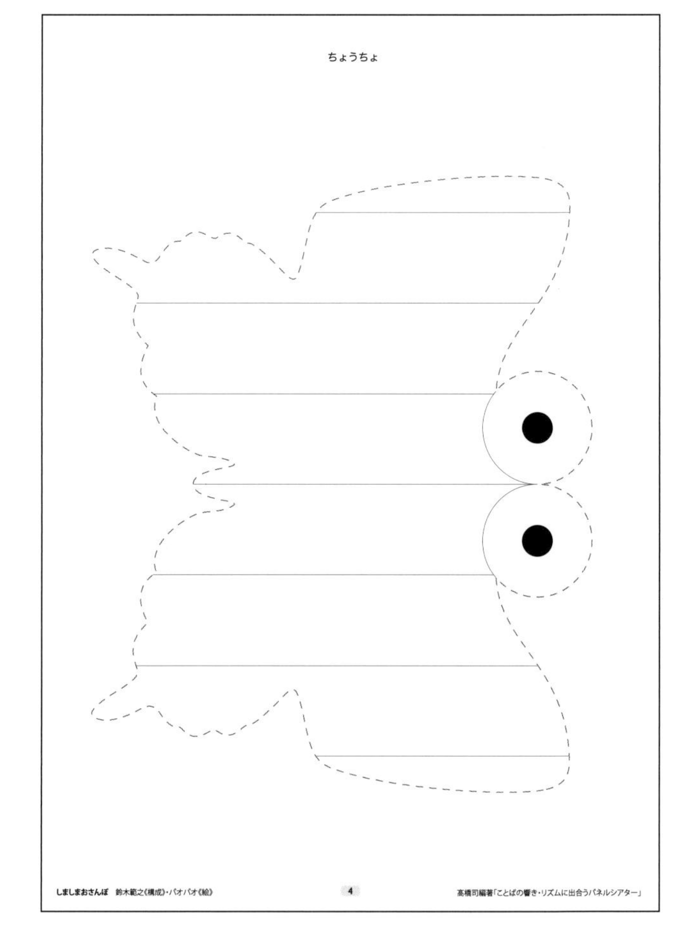

しましまおさんぽ●下絵

250% 拡大してお使いください

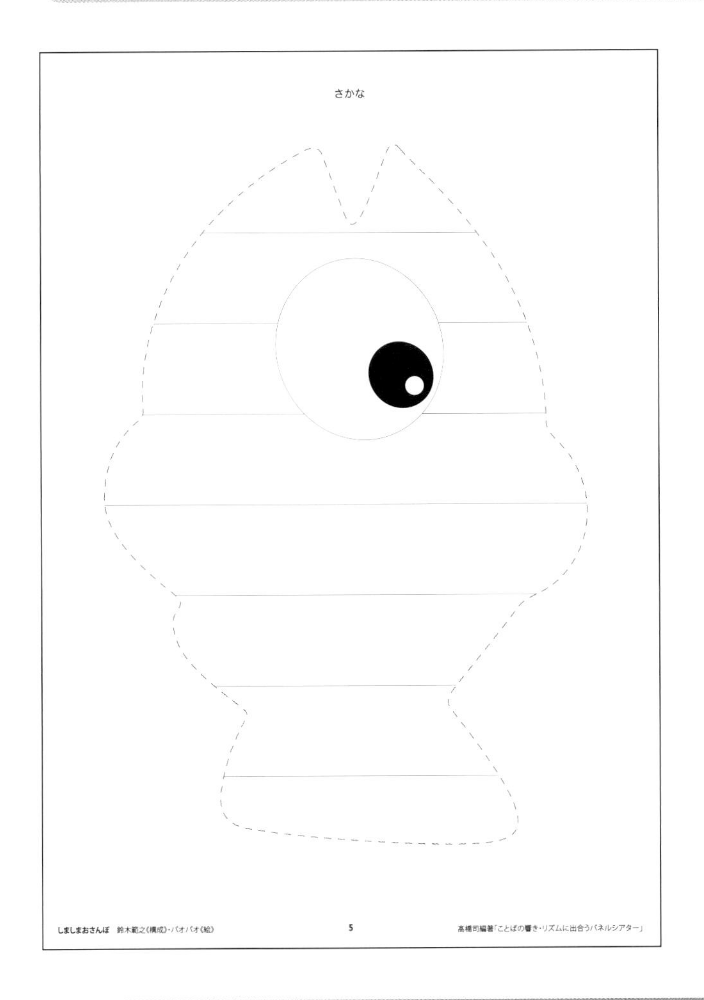

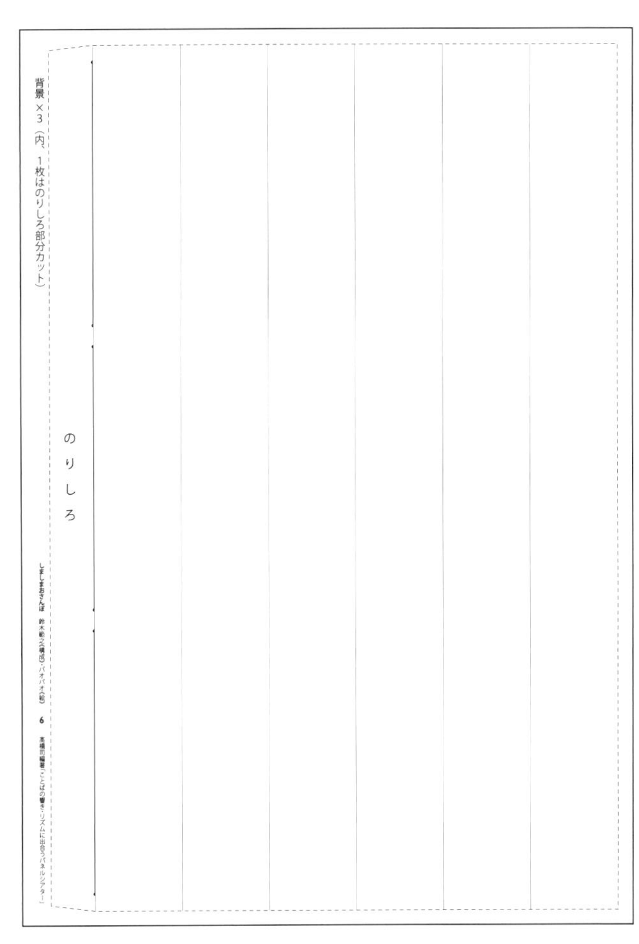

絵人形の作り方

作り方のポイント しましまの色をイラストの右から「あお・みずいろ・みどり・あか・オレンジ・きいろ」の６色を等間隔で順番に並べます。しましまの幅は拡大率にもよりますが、３cmを目安にすると見た目がちょうど良いです。この作品の特徴を活かすために動物の体の輪郭部分の黒のフチ取りは行いません。また、背景以外の絵人形にはすべてパネル布を裏打ちしましょう。裏打ちしないと、Pペーパー同士が重なり滑り落ちてしまいます。

背景

❶ **背景**（**のりしろのある2枚**）の、折りたたみ用のの切り込み線に、カッターで切り込みを入れる。

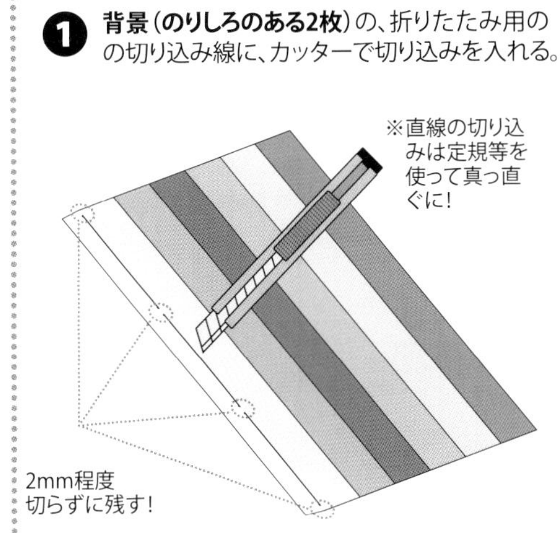

❷ **背景**ののりしろ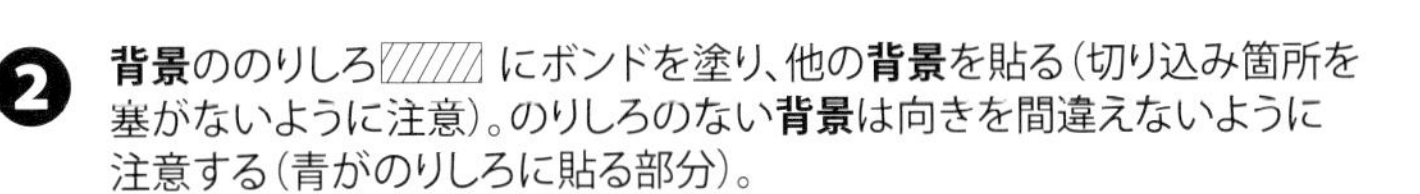にボンドを塗り、他の**背景**を貼る（切り込み箇所を塞がないように注意）。のりしろのない**背景**は向きを間違えないように注意する（青がのりしろに貼る部分）。

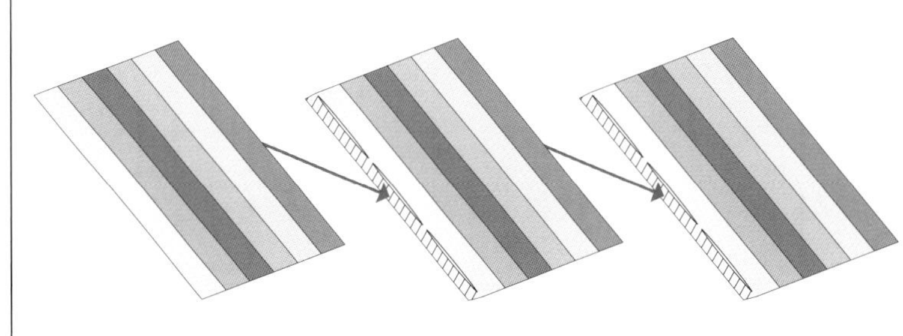

250% 拡大してお使いください

＊付録の CD-ROM に実サイズの下絵データとカラーのデータが収録されています

250% 拡大してお使いください

250% 拡大してお使いください

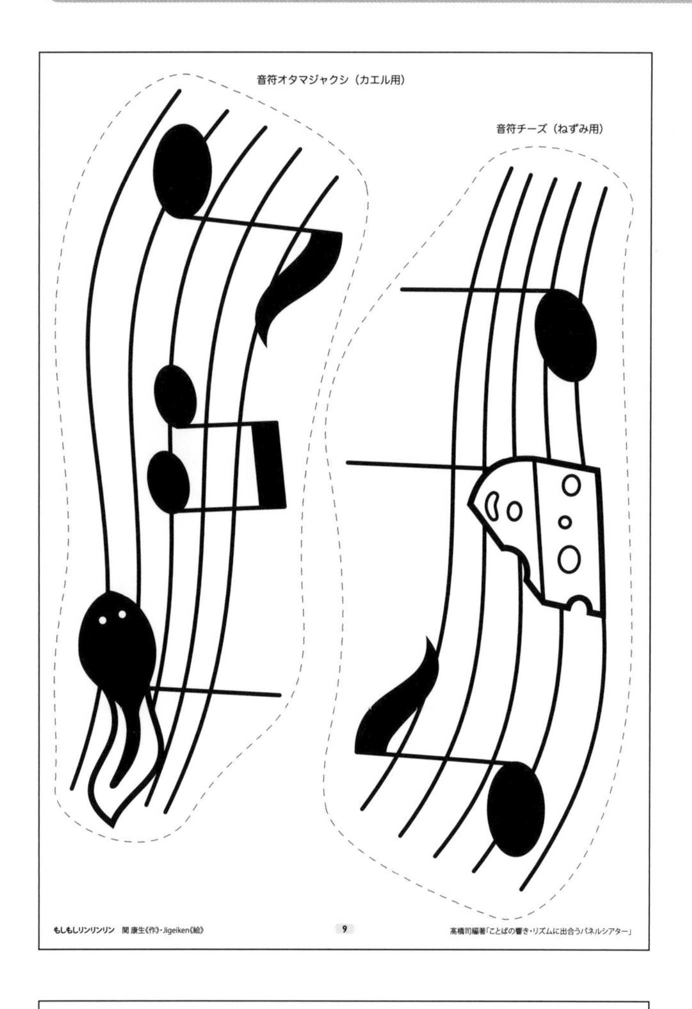

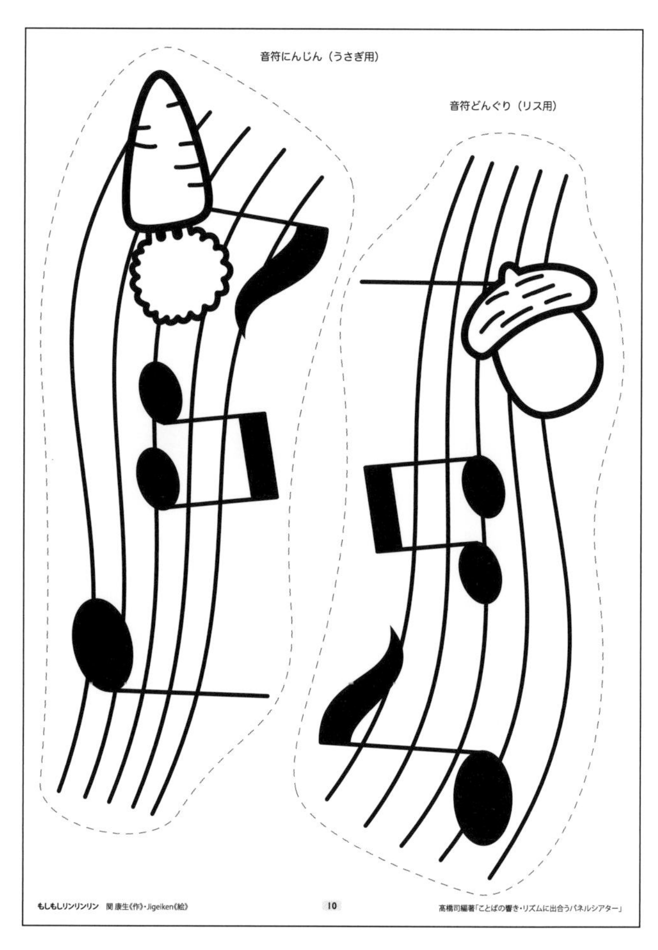

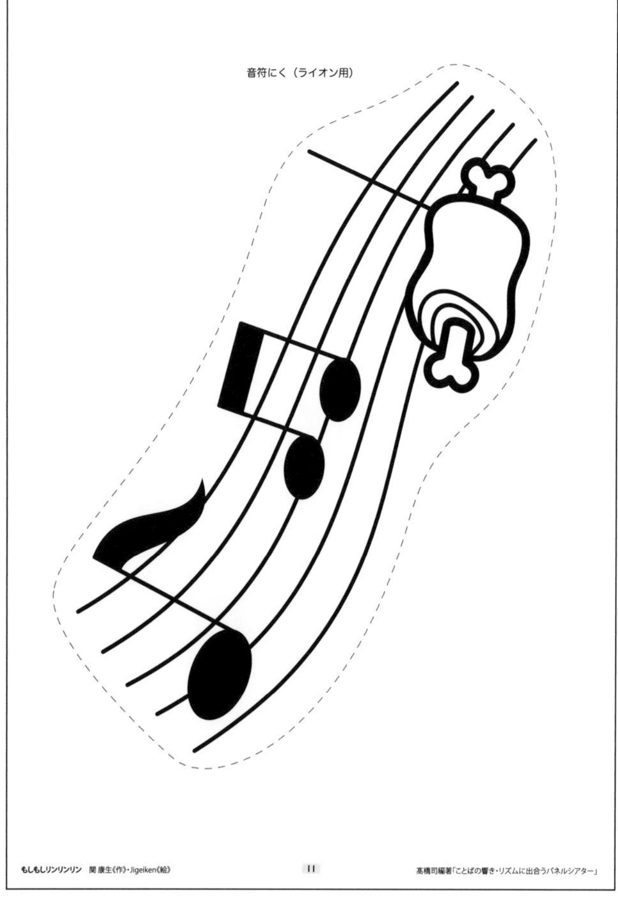

もしもしリンリンリン●下絵

250% 拡大してお使いください

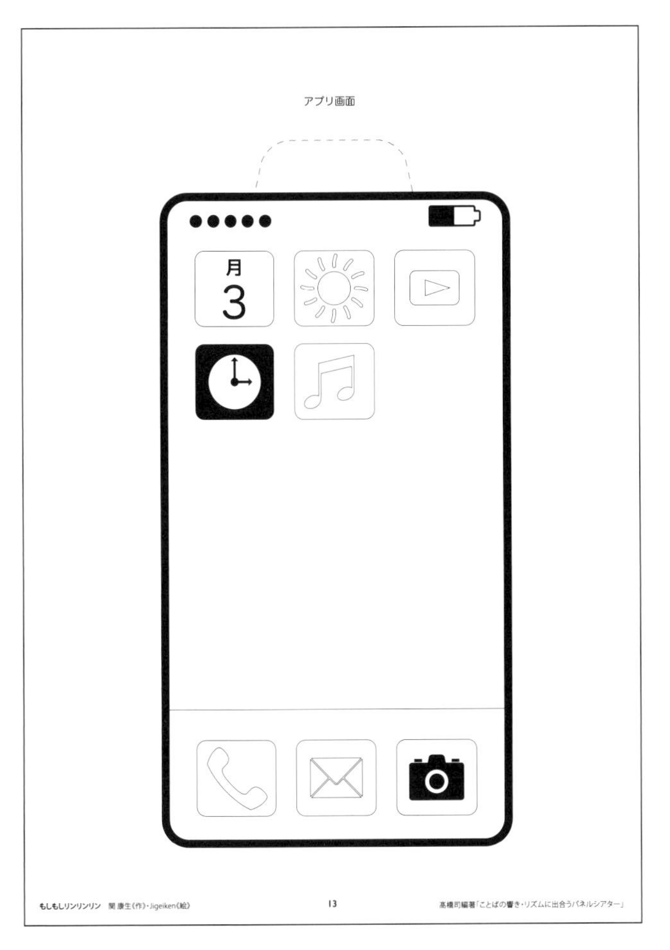

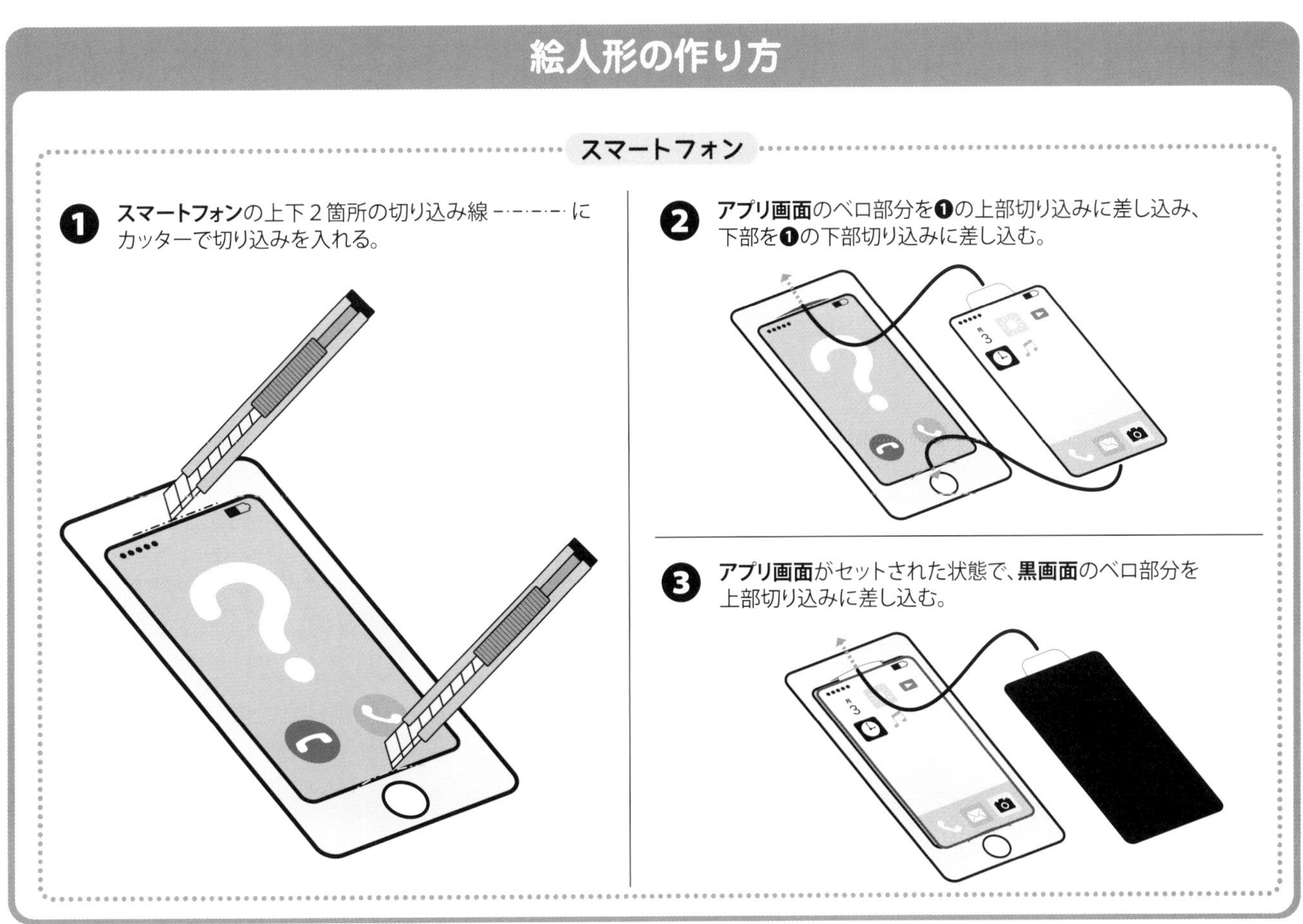

絵人形の作り方

スマートフォン

❶ **スマートフォン**の上下２箇所の切り込み線 -·-·-·- にカッターで切り込みを入れる。

❷ **アプリ画面**のベロ部分を❶の上部切り込みに差し込み、下部を❶の下部切り込みに差し込む。

❸ **アプリ画面**がセットされた状態で、**黒画面**のベロ部分を上部切り込みに差し込む。

300% 拡大してお使いください

＊付録の CD-ROM に実サイズの下絵データとカラーのデータが収録されています

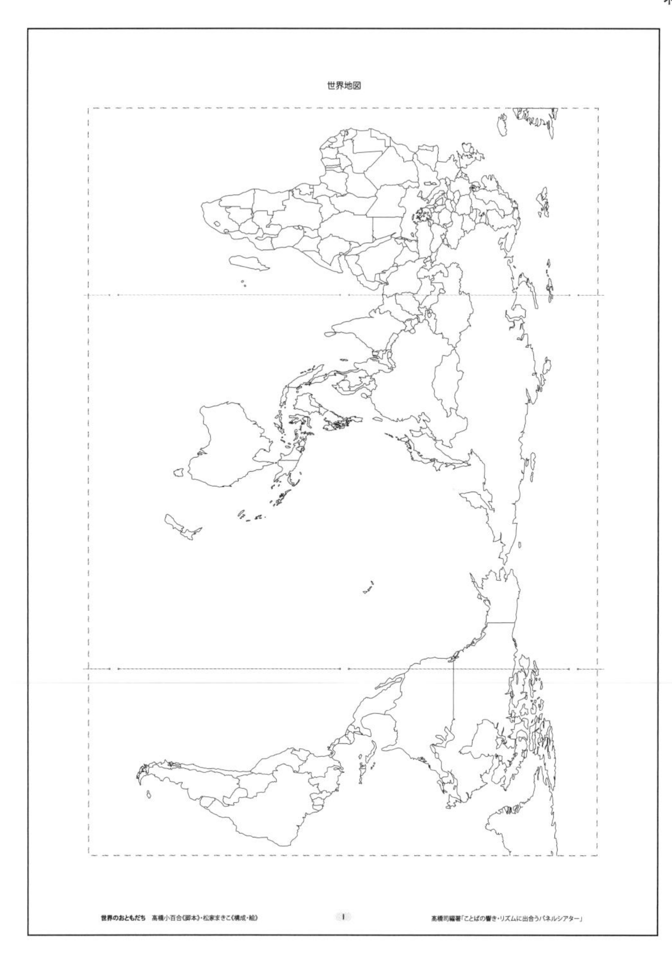

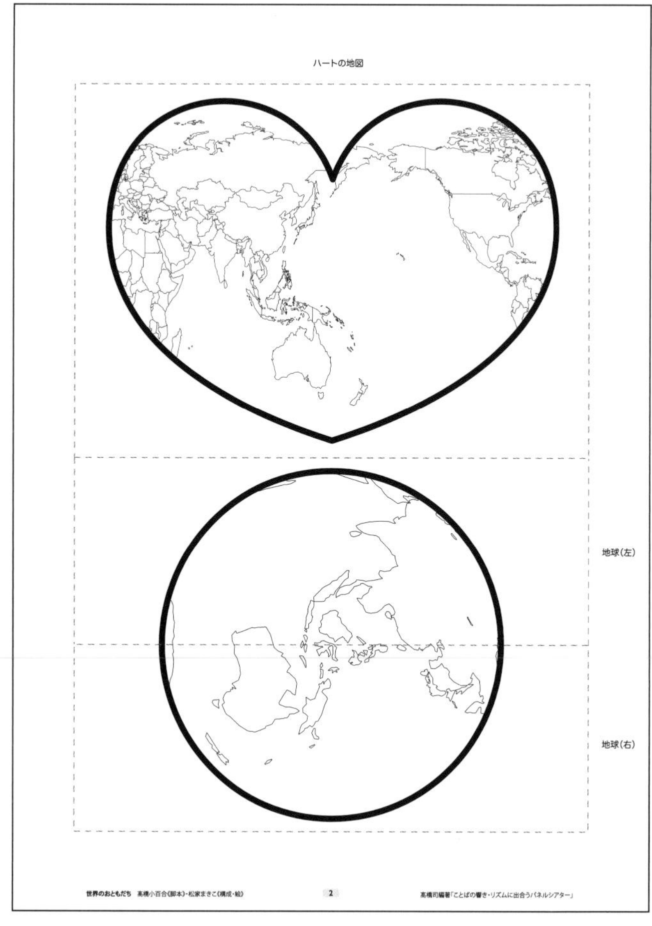

300% 拡大してお使いください

世界のおともだち●下絵

300% 拡大してお使いください

世界のおともだち●下絵

300% 拡大してお使いください

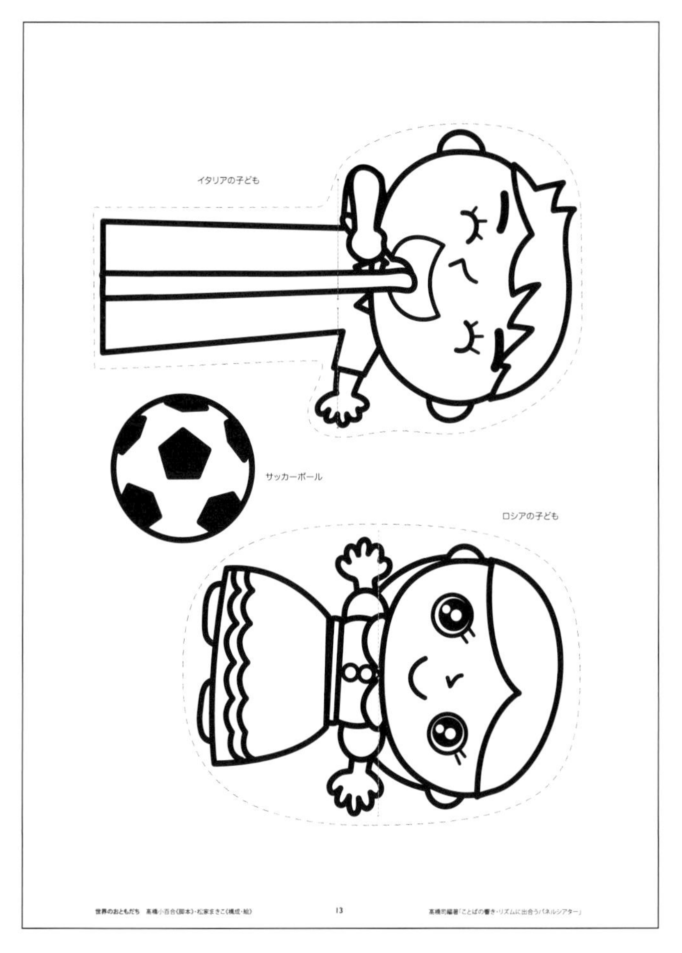

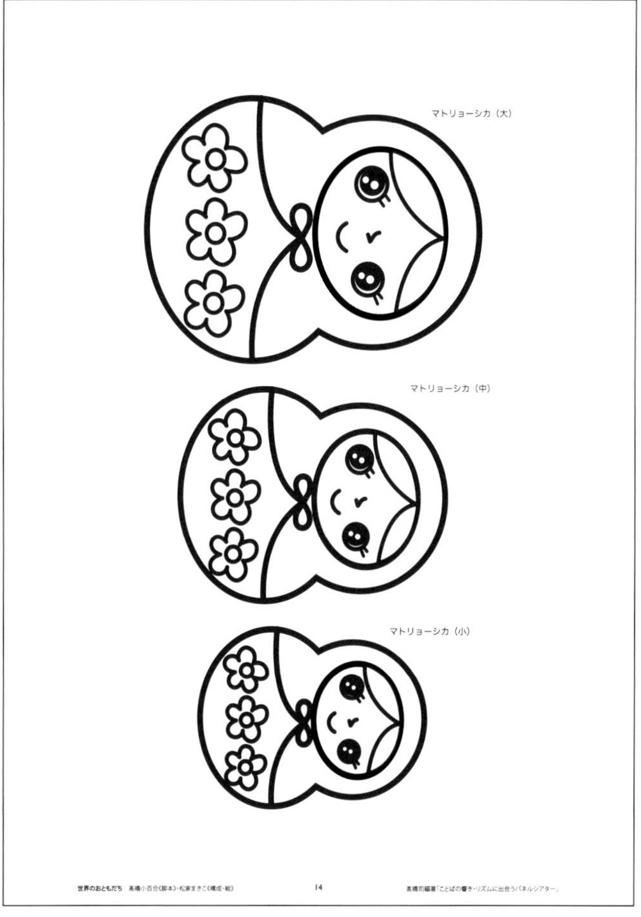

絵人形の作り方

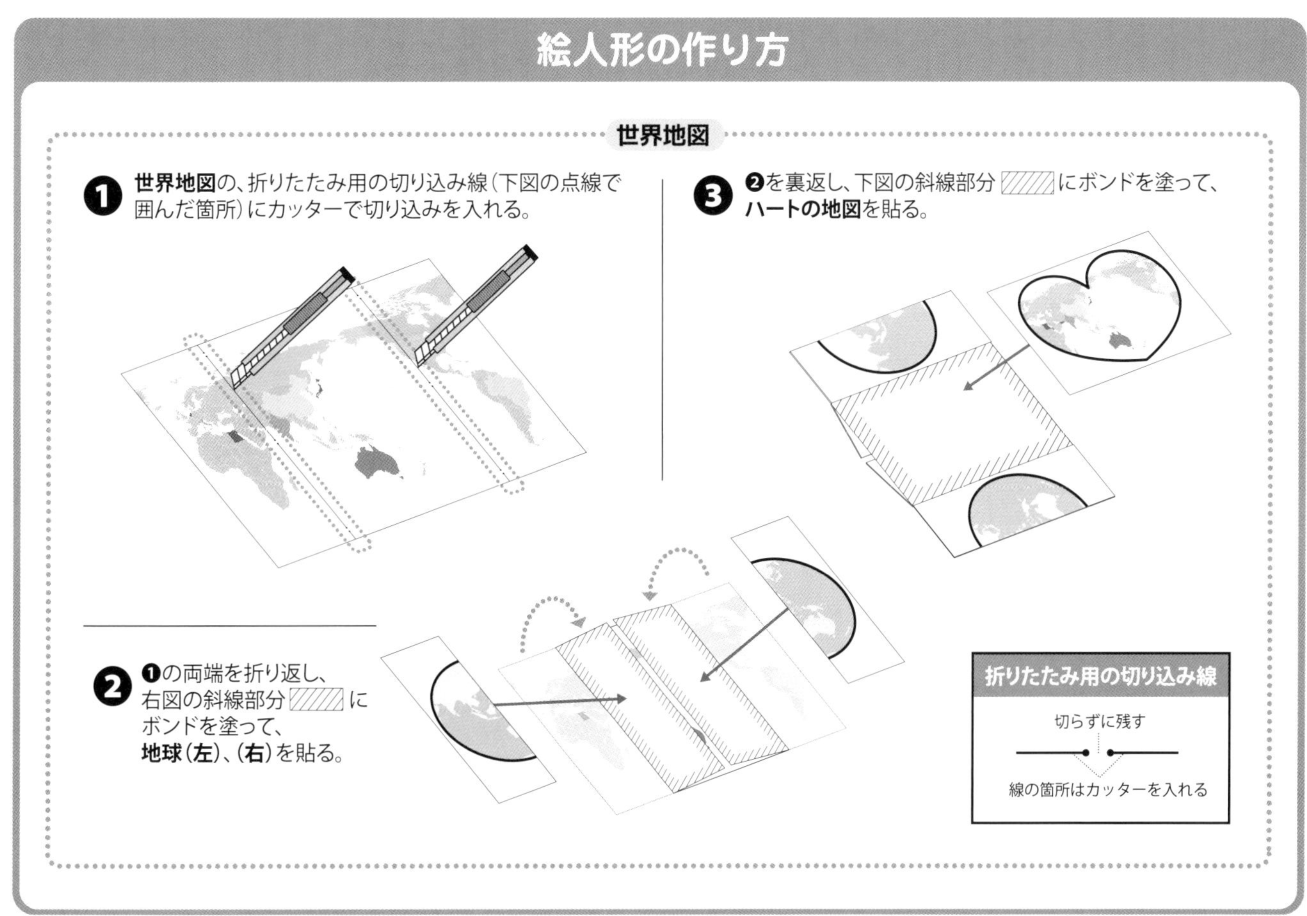

世界地図

❶ **世界地図**の、折りたたみ用の切り込み線（下図の点線で囲んだ箇所）にカッターで切り込みを入れる。

❷ ❶の両端を折り返し、右図の斜線部分 ▨ にボンドを塗って、**地球（左）**、**（右）**を貼る。

❸ ❷を裏返し、下図の斜線部分 ▨ にボンドを塗って、**ハートの地図**を貼る。

絵人形の作り方

アメリカ・その他（ロシア・イタリア以外）の国旗と子ども

❶ 中央の、折りたたみ用切り込み線（下図の点線で囲んだ箇所）にカッターで切り込みを入れる。

❷ ❶を裏返し、下図の斜線部分 ▨ にボンドを塗って折りたたんで貼り合わせる。

❸ 折りたたみ用切り込み線と上下のツメ部分に切り込みを入れる。

❹ たたんでツメをひっかけてセット完了。

オランダ・エジプト・インド・中国・オーストラリア・ブラジル・日本も同様に

ロシアの国旗と子ども

❶ 中央の、折りたたみ用切り込み線（右図の点線で囲んだ箇所）にカッターで切り込みを入れる。マトリョーシカの顔部分（------）を切り取り、右脇（------）に切り込みを入れる。

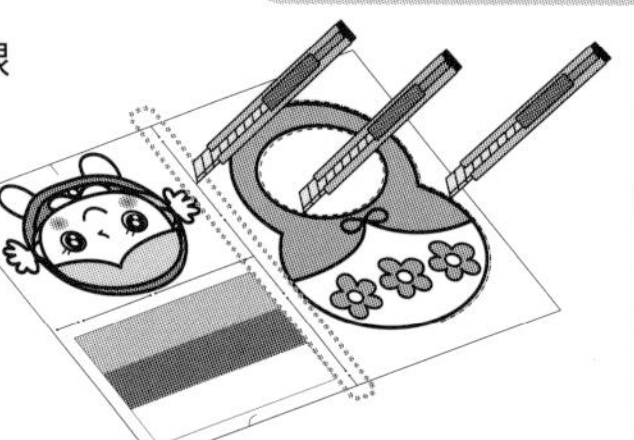

❷ ❶を裏返し、下図の斜線部分 ▨ にボンドを塗って折りたたんで貼り合わせる。

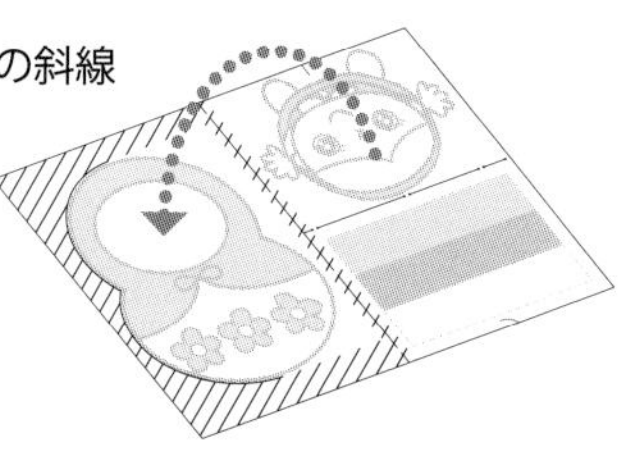

❸ 折りたたみ用切り込み線と上下のツメ部分に切り込みを入れる。

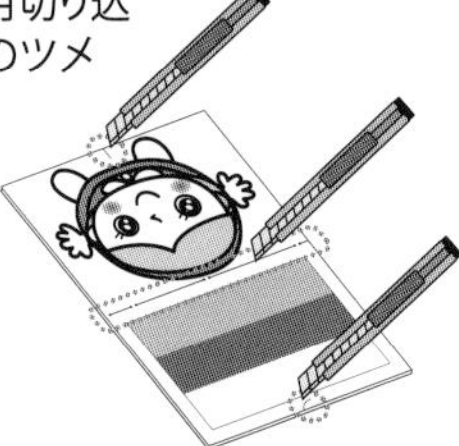

❹ **ロシアの子ども**の折りたたみ用切り込み線に切り込みを入れる。

❺ 裏返した❸の切り込みに、❹を顔の位置を合わせて挟む。両者をやや折った状態で挟み込むと、折り位置を合わせやすい。たたんでツメをひっかけて準備完了。

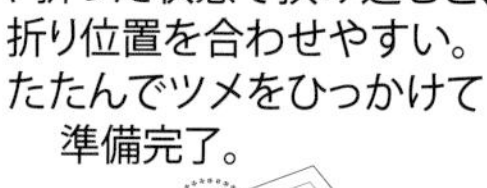

イタリアの国旗と子ども

❶ 中央の、折りたたみ用切り込み線（右図の点線で囲んだ箇所）にカッターで切り込みを入れる。テーブルの上の切り込み線（------）に切り込みを入れる。

❷ ❶を裏返し、下図の斜線部分 ▨ にボンドを塗って折りたたんで貼り合わせる。

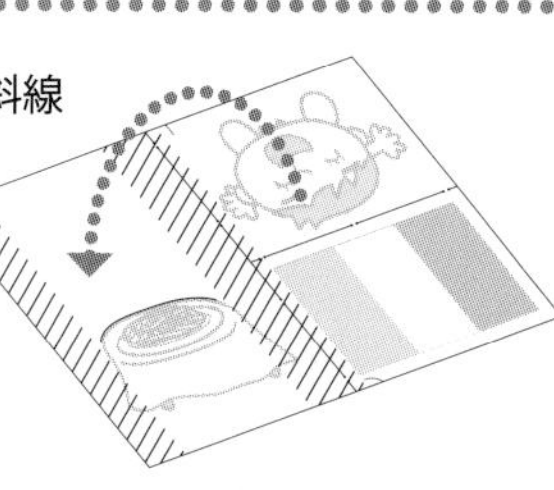

❸ 折りたたみ用切り込み線と上下のツメ部分に切り込みを入れる。

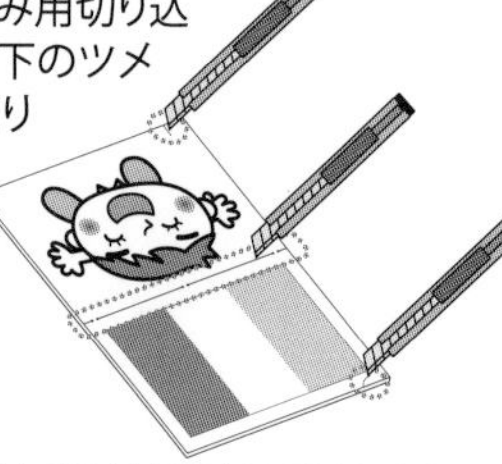

❹ **イタリアの子ども**の折りたたみ用切り込み線に切り込みを入れる。

❺ 裏返した❸の切り込みに❹を差し込み、折り位置を合わせてたたむ。ツメをひっかけて準備完了。

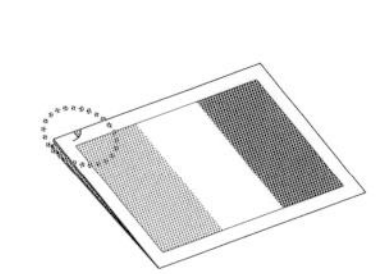

大阪うまいもんのうた●下絵

250% 拡大してお使いください

＊付録の CD-ROM に実サイズの下絵データとカラーのデータが収録されています

絵人形の作り方

大阪のおばちゃんとあめ

❶ バッグの折りたたみ用切り込み線（-・——・-）と、通常の切り込み線（------）に、それぞれカッターで切り込みを入れる。

❷ **大阪のおばちゃん バッグのポケット**ののりづけ部分にボンドを塗り、裏返した❶の下図の斜線部分 ▨ にのりづけ位置がくるように貼る。切り込み部分にボンドがつかないよう注意。

❸ **あめ**の折りたたみ用切り込み線（-・——・-）と、ツメの切り込み線（------）に、それぞれカッターで切り込みを入れ、蛇腹状に折りたたみ、ツメに引っかける。

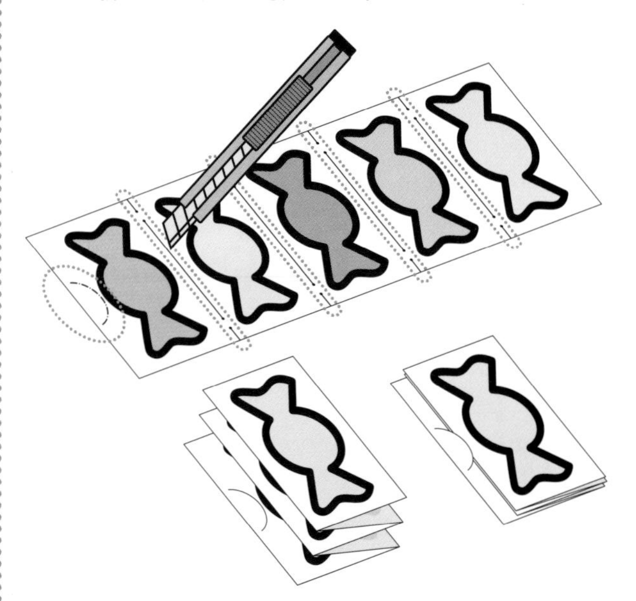

❹ バッグのふたを開き、折りたたんだ**あめ**を中に入れてセット完了。

とりのように◉下絵

250% 拡大してお使いください

＊付録の CD-ROM に実サイズの下絵データとカラーのデータが収録されています

とりのように◉下絵

250%拡大してお使いください

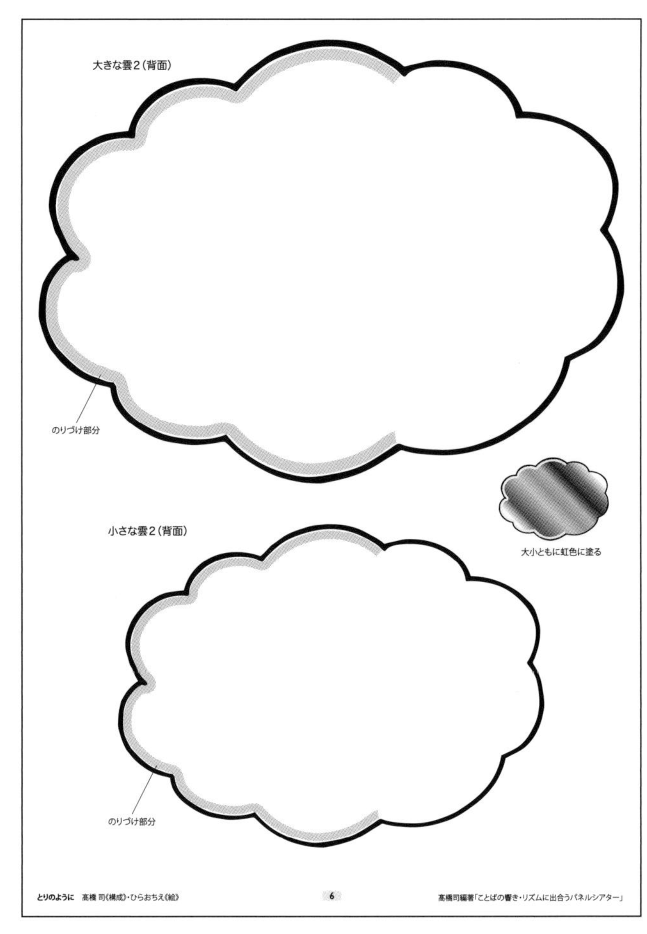

＊コスモスと雲のモノクロ下絵はありません。
カラーデータを参考に好きなように創ってください。

絵人形の作り方

鳥1・2・3

❶ **鳥1**（**表**）と（**裏**）をボンドで貼り合わせる。

❷ 表裏の余白部分とへりの部分を黒く塗る。

❸ **鳥2**、**鳥3**も同様に。

飛んでいる男の子・女の子

❶ **飛んでいる男の子**の余白部分とへりの部分を黒く塗り、**飛んでいる男の子の羽**（**A**）、（**B**）を糸どめする。

【太口木綿糸２本取り】

❷ **飛んでいる女の子**も同様に。

座った男の子・女の子

❶ **座った男の子**の余白部分とへりの部分を黒く塗り、**座った男の子の羽**（**A**）、（**B**）を糸どめする。

【太口木綿糸２本取り】

❷ **座った女の子**も同様に。

大きな雲・小さな雲

❶ **大きな雲１**（**前面**）の切り取り線に沿ってカッターで切り抜く。

❷ **大きな雲2**（**背面**）ののりづけ部分にボンドを塗って❶を貼る。

❸ **虹隠し**（**大**）を間に挟む。

❹ **小さな雲**も同様に。

各作品楽曲の
歌詞

わすれんぼパパ

福尾野歩＊作詞　中川ひろたか＊作曲

わすれんぼのパパ わすれんぼのパパ
わすれんぼのパパは しょうがない
パパはかいしゃにおでかけします
いってきます いってらっしゃい

おでかけしてから きがつくの
かおをあらうの わすれてた
ジャブジャブジャブ ジャブジャブジャブ
いってきます いってらっしゃい

おでかけしてから きがつくの
はをみがくの わすれてた
ジャブジャブジャブ ジャブジャブジャブ
ゴシゴシゴシ ゴシゴシゴシ
いってきます いってらっしゃい

おでかけしてから きがつくの
ひげをそるのを わすれてた
ジャブジャブジャブ ジャブジャブジャブ
ゴシゴシゴシ ゴシゴシゴシ
ジョリジョリジョリ ジョリジョリジョリ
いってきます いってらっしゃい

おでかけしてから きがつくの
ネクタイするのを わすれてた
ジャブジャブジャブ ジャブジャブジャブ
ゴシゴシゴシ ゴシゴシゴシ
ジョリジョリジョリ ジョリジョリジョリ
キュキュキュキュ キュッキュッ
キュキュキュキュ キュッキュッ
いってきます いってらっしゃい

おでかけしてから きがつくの
くつをはくのを わすれてた
ジャブジャブジャブ ジャブジャブジャブ
ゴシゴシゴシ ゴシゴシゴシ
ジョリジョリジョリ ジョリジョリジョリ
キュキュキュキュ キュッキュッ
キュキュキュキュ キュッキュッ
タッタカタッタタッタ
タッタカタッタタタッタ
いってきます いってらっしゃい

おでかけしてから きがつくの
かばんをもつのを わすれてた
ジャブジャブジャブ ジャブジャブジャブ
ゴシゴシゴシ ゴシゴシゴシ
ジョリジョリジョリ ジョリジョリジョリ
キュキュキュキュ キュッキュッ
キュキュキュキュ キュッキュッ
タッタカタッタタタッタ
タッタカタッタタッタ
ドッコイショット ドッコイショット
いってきます いってらっしゃい

でんしゃにのって きがついた
きょうはおやすみ わすれてた

わすれんぼのパパ わすれんぼのパパ
わすれんぼのパパは しょうがない

おちたおちた

髙橋良和＊作詞　髙橋 司＊補作　本多鉄麿＊作曲

おちたおちた なにがおちた
○○○がおちた

しましまおさんぽ

鈴木範之＊作詞・作曲

しましまおさんぽ してるのだあれ
しましまおさんぽ みてみよう
しましまおさんぽ だあれ

もしもしリンリンリン

関 康生＊作詞・作曲

もしもしもしもし リンリンリン
だれかなだれかな リンリンリン

世界のおともだち

山田美紀子＊作詞　髙橋小百合＊補作
室井美智子＊作曲

1 世界のおともだち
いろんなことが 大好きさ
いつも元気に 遊んでる
こんにちは こんにちは こんにちは

2 アメリカのおともだち
野球が 大好きさ
いつも元気に 遊んでる
ハロー ハロー ハロー

3 ロシアのおともだち
マトリョーシカが 大好きさ
いつも元気に 遊んでる
プリヴェッ プリヴェッ プリヴェッ

4 オランダのおともだち
風車が 大好きさ
いつも元気に 遊んでる
フッデダッハ フッデダッハ フッデダッハ

5 イタリアのおともだち
スパゲッティが 大好きさ
いつも元気に 遊んでる
ボンジョルノ ボンジョルノ ボンジョルノ

6 エジプトのおともだち
ピラミッドが 大好きさ
いつも元気に 遊んでる
アッサラームアライクム

7 インドのおともだち
カレーが 大好きさ
いつも元気に 遊んでる
ナマステ ナマステ ナマステ

8 中国のおともだち
太極拳が 大好きさ
いつも元気に 遊んでる
ニーハオ ニーハオ ニーハオ

9 オーストラリアのおともだち
コアラが 大好きさ
いつも元気に 遊んでる
ハロー ハロー ハロー

10 ブラジルのおともだち
サッカーが 大好きさ
いつも元気に 遊んでる
ボンジア ボンジア ボンジア

11 日本のおともだち
おすしが 大好きさ
いつも元気に 遊んでる
こんにちは こんにちは こんにちは

12 世界のおともだち
平和が 大好きさ
みんな仲よく 手をつなごう
ハッピー ハッピー ハッピー

大阪うまいもんのうた

河村 和代＊作詞 髙橋小百合＊補作 アメリカ民謡＊曲

1 大阪には うまいもん いっぱいあるんやで～
たこ焼き ぎょうざに お好み焼き 豚まん

2 大阪には うまいもん いっぱいあるんやで～
いか焼き バッテラ あわおこし ようおこし

3 大阪には うまいもん いっぱいあるんやで～
かに道楽 串カツ もんじゃ焼き なんでやねん！

《京都バージョン》

1 京都には うまいもん ぎょうさんあるねんで～
八ツ橋 千枚漬け すぐき お茶

2 京都には うまいもん ぎょうさんあるねんで～
鱧のおとし 湯豆腐 サブレ なんでぇなぁ！

とりのように

福尾野歩＊作詞 才谷梅太郎＊作曲

1 とりのように うたいながら
あのそらたかく とべたらいいね
あきのそらで うろこぐもがあそんでいるよ
きみとぼくのせなかに はねがはえたら
とりのように うたいながら
あのそらたかく とべたらいいね

2 とりのように うたいながら
あのそらたかく とべたらいいね
あきのそらに ゆれてにおうコスモスのはな
きみとぼくのせなかに はねがはえたら
とりのように うたいながら
あのそらたかく とべたらいいね

編著

髙橋 司
佛教大学名誉教授
京都西山短期大学特任教授
平安女学院大学客員教授
佛教大学大学院教育学研究科講師
児童芸術研究所主宰

主な著書
編著『改訂 保育職論』建帛社 2019
単著『新装改訂版 乳幼児のことばの世界』宮帯出版社 2020
編著『児童文化と保育』宮帯出版社 2008
共著『保育における子ども文化』わかば社 2014
単著『子どもに教える今日はどんな日？』PHP 研究所 2006
共著『年中行事なるほど BOOK』ひかりのくに 2003
単著『食で楽しむ年中行事 12 か月』あいり出版 2018
単著『パネルシアター保育実践講座』大東出版社 1996
単著『パネルシアター百科』四恩社 1999
単著『パネルシアター保育 12 か月』ミヤオビパブリッシング 2015
単著『カラープリントパネルシアター わすれんぼパパ』大東出版社 2019
共著『夢と笑顔をはこぶパネルシアター ～誕生40周年記念誌～』浄土宗(ネットで閲覧可) 2011
他多数

著者

髙橋 司

鈴木範之 常盤短期大学准教授
ピアニスト

関 康生 TK チルドレンファーム湊校 施設長

髙橋小百合 佛教大学実習指導講師
児童芸術研究所保育部長
前公立小学校教頭、元保育士

絵

松家まきこ 淑徳大学准教授
パネルシアター作家

パオパオ 常盤短期大学 幼児教育保育学科サークル

ひらおちえ イラストレーター

Jigeiken 児童芸術研究所

髙橋小百合

協力

當間正博・當間敏江（手話）
山田美紀子（世界のおともだち）
室井美智子（世界のおともだち）
河村和代（大阪うまいもんのうた）
名児耶さやか（とりのように）

ことばの響き・リズムに出合う パネルシアター

2020年7月20日　初版発行

編著者
髙橋 司

発行者
佐藤隆俊

発行所
株式会社 大東出版社
〒113-0001 東京都文京区白山1-37-10
TEL03-3816-7607 FAX03-3818-1528
http://www.daitopb.co.jp/

印刷・製本
株式会社 プリントパック

日本音楽著作権協会(出)許諾　第2006060-001号

Printed in Japan 2020

ISBN978-4-500-00774-5 C2037

パネルシアターの本

本は、絵人形の下絵・つくり方・脚本・演じ方などで構成されています。
絵人形を作るには、下絵の上にPペーパーをおき、鉛筆などでなぞって写し取ります。

パネルシアター 保育・実践講座

古宇田亮順〔監修〕
高橋 司〔著〕
松家まきこ〔絵〕

A4判136頁
2,310円（本体 2,100円）

単純さ・楽しさ・情操をキーワードに、日常の保育に生かせる作品を集めました。

《収録作品》おちたおちた/数え方あそび/あいさつあそび/かたづけあそび/おはなしあそび/反対あそび（さかさあそび）/おはなしづくり/月夜のダンスパーティ

パネルシアター ピクニック

古宇田亮順・中島 宏〔共著〕松田治仁〔絵〕

楽しい歌や愉快なお話などが盛りだくさん！《収録作品》ピクニック/静かな湖畔/気のいいアヒル/たまご型組合わせ人形/どんぐりころころ/アイウエ王/コブタヌキツネコ/星のうた/この広い野原いっぱい/どんな花火

A4判110頁 **2,090**円（本体 1,900円）

いっしょにわいわいパネルシアター

藤田佳子〔著〕吉野真由美〔絵〕

簡単な歌とともに自分の言葉が自然に出てきてやり取りができる作品がいっぱい!!《収録作品》おしゃれひつじ/コロコロたまご/わいわいバス/豆まき/フルーツパフェ大好き/月夜のポンチャラリン

A4判122頁 **2,750**円（本体 2,500円）

カラープリントパネルシアター

カラープリントパネルシアターは絵人形のパーツがPペーパーにあらかじめカラープリントされているので、あとはハサミで切りとって作るだけで簡単に絵人形が完成します。脚本付きで、すぐに演じることができます。

わすれんぼパパ

高橋 司〔構成〕
松家まきこ〔絵〕

2,970円
（本体 2,700円）

お父さんは朝、会社に遅れないように必死です。でも、出かける前にしなければならないことがたくさん！「顔を洗う」「歯を磨く」「ヒゲを剃る」・・・。愉快な歌と楽しいしかけに子どもたちも大喜び！

A4変型判（210×272mm）
195×270mmカラー厚口6枚・標準厚1枚、脚本、楽譜、絵人形の作り方、裏打ち用パネル布3枚、保存用袋

金のがちょう

古宇田亮順〔作〕松田治仁・松家まきこ〔絵〕

金のがちょうに町中のみんながくっついて大行列になります。生れてから一度も笑ったことのないお姫さまがその様を見て……。有名なグリム童話が楽しいパネルシアターになりました。ⓓ

A4変型判（210×272mm）
195×270mm 厚口カラー9枚
脚本、保存用袋

3,080円
（本体 2,800円）

そっくりさん

松家まきこ〔作・絵〕

そっくりに見える2匹の動物はふたごちゃん？ いえいえ、よ～く見るとしっぽや手の形が違います。「1・2・3 ばぁ～!」と顔が見えると大歓声！手遊びやクイズで遊びましょう。赤ちゃんから年長さんまで、みんなに喜ばれる作品です。

A4変型判（210×272mm）
195×270mm 厚口カラー8枚、脚本、楽譜
手遊びの仕方、絵人形の作り方、保存用袋

2,970円
（本体 2,700円）

大きくなぁれ ぴよ〜〜ん

松家まきこ〔作・絵〕

手遊びに合わせて「ぴよ～～ん」と唱えたら、あらびっくり!? 小さなハンバーガーやパフェ、のりまきにオムライスがぴよ～～んと大きく大変身!! おまけにぱっくんともぐちゃんも…簡単で楽しいしかけに子どもたちも大喜び！

A4変型判（210×272mm）
195×270mm 厚口カラー7枚、脚本
楽譜、手遊び、絵人形の作り方、保存用袋

2,750円
（本体 2,500円）

バーベキュー

松家まきこ〔作・絵〕

みんなが大好きなバーベキュー。お肉、野菜をくしに刺して、鉄板の上で焼きましょう！ 焼けるまでの間、手遊びをして遊びます。「にく、やさい、にく、やさい、ジュッジュッジュー」楽しい歌とポーズで大盛り上がりの作品です。

A4変型判（210×272mm）
195×270mm 厚口カラー8枚、脚本
黒パネル布（27×40cm）1枚、楽譜
手遊びの仕方、絵人形の作り方、保存用袋

3,190円
（本体 2,900円）

たこ焼きパクッ!

藤田佳子〔作〕吉野真由美〔絵〕

子どもから大人まで大人気の「たこ焼きパクッ!」がついにカラープリントで登場!! 色塗りの難しい「焼き色」も着色済みです。どんどんおいしいたこ焼きをつくりましょう!!

A4変型判（210×272mm）
195×270mm 厚口カラー11枚、モノクロ6枚
脚本、楽譜、手遊びの仕方、絵人形の作り方
保存用袋

5,500円
（本体 5,000円）

フルーツパフェ大好き♥

藤田佳子〔作〕吉野真由美〔絵〕

思わず「わぁ～、おいしそう！」の声が上がります。たくさんのカラフルなフルーツを歌と手遊びでリズムよく盛り合わせましょう。おいしいフルーツパフェが自由に作れます。

A4変型判（210×272mm）
195×270mm カラー厚口4枚、標準厚4枚
裏打ち用パネル布1片、脚本、楽譜、
手遊び、絵人形の作り方、保存用袋

2,530円
（本体 2,300円）

リズムdeクイズ

藤田佳子〔作〕吉野真由美〔絵〕

UFOに乗ってやってきたカラフルな宇宙人たちがリズミカルにクイズを出すよ！ 軽快なテンポで出されるヒントをもとに、宇宙人が何を持ってきたかみんな答えられるかな～？ 子どもたちとノリノリのリズムで楽しめる作品です。

A4変型判（210×272mm）
195×270mm カラー厚口6枚、標準厚2枚
脚本、おまけの下絵、絵人形の作り方
保存用袋

2,970円
（本体 2,700円）

Pペーパー

絵人形や背景などを作るための、パネルシアターのもっとも基本的な材料です。

品名	サイズ	枚数	価格
白Pペーパー（S）	26×36cm	10枚組	880円（本体 800円）
白Pペーパー（L）	27×39.5cm	10枚組	1,100円（本体 1,000円）
白Pペーパー四切（標準厚）	39.5×54cm	10枚組	1,980円（本体 1,800円）
白Pペーパー四切（特厚）	39.5×54cm	10枚組	2,200円（本体 2,000円）
白PペーパーA4（標準厚）	21×29.7cm	20枚組	1,500円（本体 1,364円）

パネル布

不織布の一種の毛羽だった白い布で、Pペーパーで作った絵人形などが貼り付きます。パネルシアターの舞台を作るための材料です。

品名	サイズ	価格
パネル布（S）	100×100cm	880円（本体 800円）
パネル布（M）	100×120cm	1,047円（本体 952円）
パネル布（W）	100×200cm	1,760円（本体 1,600円）
黒パネル布（S）	100×120cm	1,650円（本体 1,500円）
黒パネル布（W）	100×200cm	2,750円（本体 2,500円）

パネルシアター用 三脚イーゼル

軽量なアルミ製で、折りたためばコンパクトで持ち運びやすく、ブラックライトも設置でき、便利な専用ショルダーバッグ付き！
気軽に携行可能なパネルシアター用イーゼルの決定版です!!

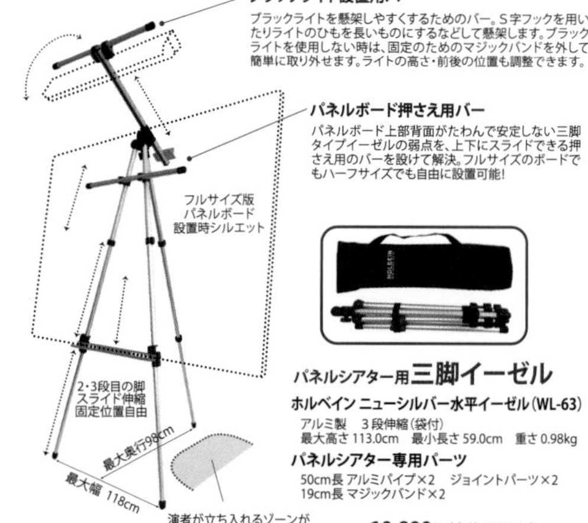

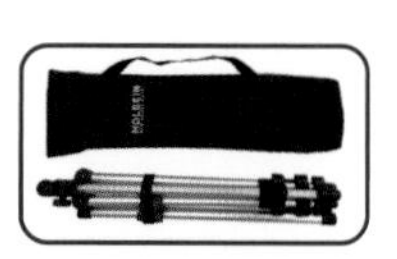

パネルシアター用 三脚イーゼル

ホルベイン ニューシルバー水平イーゼル（WL-63）

アルミ製 3段伸縮（袋付）
最大高さ 113.0cm 最小長さ 59.0cm 重さ 0.98kg

パネルシアター専用パーツ

50cm長 アルミパイプ×2 ジョイントパーツ×2
19cm長 マジックバンド×2

10,890円（本体 9,900円）

お問い合わせ

株式会社 大東出版社
〒113-0001 東京都文京区白山 1-37-10
TEL 03（3816）7607 FAX 03（3818）1528 MAIL：inquiry.dtpb@daitopb.co.jp

大東出版社ホームページ
http://daitopb.co.jp/05.html

https://daitopb.thebase.in/